Emil Uhthoff

Hypnotismus-Darwinismus und die Gottesidee

auf Grund religiöser und sozialer Studien

Emil Uhthoff

Hypnotismus-Darwinismus und die Gottesidee
auf Grund religiöser und sozialer Studien

ISBN/EAN: 9783743405400

Hergestellt in Europa, USA, Kanada, Australien, Japan

Cover: Foto ©Thomas Meinert / pixelio.de

Manufactured and distributed by brebook publishing software
(www.brebook.com)

Emil Uhthoff

Hypnotismus-Darwinismus und die Gottesidee

Hypnotismus — Darwinismus

und die

Gottesidee.

Auf Grund religiöser und socialer Studien.

dargestellt von

Emil Uhthoff.

Berlin.

Verlag von Wilhelm Issleib (Gustav Schuhr).

1890.

Inhalt.

—.

Vorwort.

Wenn wir nach der Triebfeder zu unseren Handlungen fragen. so werden wir bemerken. dass dieselbe ohne Ausnahme in dem Bestreben zu finden ist, unsere Lage zu verbessern.

Alle Handlungen lassen sich hierauf zurückführen. auch diejenigen, welche uns in dem Lichte selbstlosester Aufopferung erscheinen, denn wenn z. B. Jemand einen armen Kranken pflegt, von dem er nie eine Vergütung für seine Mühe zu erwarten hat. ja wo er selbst noch pekuniäre Opfer bringen muss, so können wir mit Bestimmtheit annehmen, dass sich seine geistigen Eigenschaften bereits so verfeinert haben. dass ein Versagen dieser Hülfe bei ihm ein Gefühl der Unbehaglichkeit hervorrufen würde, dem er nun durch seine Handlung entgeht und dafür die innere Zufriedenheit (worin die Verbesserung seiner Lage zu finden ist) einerntet.

Wie nun jeder einzelne Mensch und jedes Ding in der Natur dieses Bestreben zeigt, so nehmen wir auch diese Bestrebungen bei ganzen Völkermassen wahr: um jedoch eine Erklärung für die Handlungsweise einzelner Menschen. sowie für die Ereignisse der Weltgeschichte zu bekommen. ist es noch von der allergrössten Wichtigkeit, zu erfahren. was die einzelnen Menschen oder Völker für am geeignetsten zur Verbesserung ihrer Lage halten.

Wenn wir nun die Urgeschichte der Völker betrachten. so fällt uns auf. dass einzelne Völker mit ihren religiösen Anschauungen einen Glauben an die Fortexistenz ihres Geistes in einem Jenseits verbanden. während sich andere Völker nur zu einem Gottesbegriff und Gottesdienst aufgeschwungen hatten, aber einen Glauben an ein Jenseits nicht kannten und damit für sie die Hoffnung auf eine zukünftige Belohnung oder die Angst vor einer späteren Bestrafung entfiel.

1

Während also für die ersteren Völker die Triebfeder zur Verbesserung ihrer Lage in dem Bestreben lag, durch eine gute Handlungsweise einen Platz in dem ersehnten Himmel zu erreichen, lag die Triebfeder zur Verbesserung ihrer Lage bei den letzteren Völkern in dem Bestreben, ihre Lage auf E r d e n möglichst günstig zu gestalten.

Dasjenige. was also die Menschen und Völker zur Verbesserung ihrer Lage am geeignetsten hielten und halten. bestand und besteht somit darin, wie sie den Zweck des Daseins auffassen.

Die Einen erwarten hiernach die Erreichung des höchsten Genusses im zukünftigen Leben. die Anderen die Erreichung des höchsten Genusses im irdischen Leben. durch welche verschiedenartige Weltauffassung die ersteren zu Idealisten, die letzteren zu Materialisten geworden sind.

Die Wirkungen dieser verschiedenen Weltanschauungen haben sich nun so bedeutend und tief eingreifend in die Geschicke der Völker erwiesen. dass man mit Recht behaupten und auch nachweisen kann, — diese Glaubensverschiedenheit trenne die gesammte Menschheit seit ihrem Bestehen in zwei Klassen, und zwar in diejenige der guten oder jedenfalls verbesserungsfähigen und in diejenige der schlecht handelnden Menschheit. — und diese, die Idealisten und Materialisten trennende Linie finden wir bereits in den frühesten Zeiten der Menschheit.

Den Glauben an ein Jenseits hatte nun das arische Urvolk, aus dem die Indier. Perser. Meder. Griechen. Slaven Germanen etc. hervorgingen. schon mindestens 3000 Jahre vor Christus. da 2000 Jahre vor Christus bereits die Bücher der heiligen Veda. die eine tiefe Auffassung des Gedankens der Fortexistenz des Geistes aussprachen. geschrieben wurden.

Die Stämme des semitischen Urvolkes. aus denen die Assyrer. Babylonier. Hebräer, Phönizier etc. hervorgingen, hatten dagegen diesen Glauben nicht, erwarteten also demgemäss ihr Glück. den vollen Genuss und die Befriedigung ihrer höchsten Wünsche vor ihrem Tode auf Erden.

Im Laufe der folgenden Jahrtausende setzten sich Theile des arischen Urvolkes in Bewegung, um die Länder, nach denen sie, wie oben angeführt, später benannt wurden, zu bevölkern, und als nach der Zeit dieser Urvölker Abraham den Gedanken der Einheit des Göttlichen fasste, umschlossen die arischen Völker (denen betreffs der Glaubensähnlichkeit noch die Egypter zugerechnet werden müssen) die semitischen Völker beinahe von allen Seiten, so dass die Menschen ohne den Glauben an eine Fortexistenz, also mit einer schwächeren Triebfeder zur Begehung moralisch guter Handlungen, ringsherum an ihren Rändern mit denjenigen Menschen, die zur Folge ihres Glaubens an eine Fortexistenz moralisch höher standen, in Berührung traten.

Man kann sich nun leicht vorstellen, dass die Semiten, nachdem sie an keine Fortexistenz glaubten und demzufolge keine Furcht vor einer späteren Strafe haben konnten, ihr ganzes Sinnen und Trachten auf Erreichung irdischer Genüsse richteten; denn die Erfahrung werden sie doch gemacht haben, dass ihre Götter begangenes Unrecht nicht bestraften, wenn die Geschädigten zu schwach waren, oder Raub und Betrug unentdeckt ausgeführt werden konnten. Sie mussten daher ein raffinirt böses Volk werden und jedesmal, wenn sie mit den Aegyptern oder Völkertheilen arischer Abstammung in Berührung kamen, letzteren gegenüber in wirthschaftlicher Beziehung den Vortheil davontragen.

Man ersieht hieraus, welch bedeutend höheren Werth man der Annahme der Fortexistenz der Seele gegenüber der Annahme der Existenz eines einzigen Gottes zuerkennen muss, und dass, da in dem alten Testament kein Wort von der Fortexistenz der Seele vorkommt, dagegen bei den arischen und ägyptischen Völkern bereits zu Abrahams Zeit diese wichtige Annahme vorhanden war, wir nunmehr ein Mittel gefunden haben, tiefer rückwärts in die Ursachen der weltgeschichtlichen Erscheinungen und vorwärts in die Lösung der Zukunftsfragen einzudringen.

Allerdings weist auch das Studium der Religionsgeschichte derjenigen Völker, welche an eine Fortexistenz der Seele glaubten und glauben, äusserst schlechte und bösartige Auswüchse auf, doch darf man die Schuld nicht dem zu Grunde liegenden guten Kern beimessen, sondern den durch Unkenntniss und Aberglauben entstandenen phantastischen Umhüllungen des guten Kernes.

1*

Die Thaten der grossen Reformatoren Zoroaster. Buddha Luther etc. bestanden denn auch hauptsächlich darin. diese Auswüchse zu zerhauen. um den wahren Kern der Sache wieder ans Tageslicht treten zu lassen; während Christus über die angeführten Reformatoren noch ganz besonders dadurch hervorragt, dass er die Einheit der jüdischen Gottesidee mit dem Glauben an die Fortexistenz des Geistes, welchen die arischen und ägyptischen Heiden hatten. verband.

Hierdurch holte er dasjenige nach, was Abraham und Moses betreffs der Juden versäumt hatten, und gab ferner dadurch denjenigen Heiden. deren Naturauffassung und Naturkenntnisse nicht mehr mit der Vielheit der Götter harmonirte, und die hierdurch, wie auch heutzutage. das Kind mit dem Bade ausschüttend, Materialisten geworden waren, wiederum einen neuen Halt.

Den Juden war somit die Gelegenheit gegeben. sich das, was erst den Namen einer Religion verdient, und was erst den sittlichen Werth einer Religion ausmacht, anzueignen. denn die Religion. welche die Juden jetzt noch haben, ist eigentlich gar keine Religion. sondern eher eine politische Verfassung, an der nicht viel zu verderben war, und deren Wirkungen somit vor 3000 Jahren genau dieselben Resultate liefern mussten, wie noch heutzutage.

Die Vergleichung der Bibel mit den Ergebnissen des Alterthums und der Sprachforschungen der letzten Zeit führt also zu einer ganz anderen Auffassung als diejenige ist, die wir bisher gewohnt waren anzunehmen, und trägt die Vornahme dieser Vergleichungen ganz besonders zum Verständniss der Wichtigkeit des Gegenstandes bei, der nunmehr nachfolgend besprochen werden soll.

Einleitung.

Wer sich der Mühe unterziehen würde. nach und nach allen seinen Bekannten gesprächsweise die Frage vorzulegen. ob sie an die Existenz Gottes und an ein zukünftiges Leben unserer Seele in einem Jenseits glauben. dem würden unter hundert neunzig oder mehr mit dem Tone der grössten Sicherheit entgegnen, dass mit dem Tode Alles aus und vorbei sei und Gott nicht existire.

Sollte man nun weiter nach der Begründung dieser ihrer Ansicht. die sie doch als etwas Selbstverständliches hingestellt hatten, fragen. so bekommt man günstigen Falls noch etwas von Urnebel, Rotation und Anziehung. Formenwechsel. Darwinismus und blinder Naturnothwendigkeit zu hören: und wenn man ihnen hierauf nun sagt. dass diese Erkenntnisse nur die alte Form der Gottesanschauung zertrümmert haben, dagegen an eine höher gefasste Gottesidee nicht hinan reichen. letztere sogar mit den gesammten Entdeckungen der Naturwissenschaft harmonire, und man nun die Frage stellt. ob denn für die Entstehung des Urnebels und für die Entstehung des Naturgesetzes eine Erklärung gefunden sei. so bleiben unsere Freunde die Antwort schuldig. bekennen also damit. dass sie etwas als selbstverständlich behauptet hatten. was sie nicht begründen konnten.

In nachstehenden drei Abtheilungen habe ich nun den Versuch unternommen. die grösstmöglichste Wahrscheinlichkeit in der Beantwortung dieser Fragen aufzufinden.

Die erste Abtheilung behandelt die Religionsform, und bitte ich, beim Lesen meiner Darstellung dieses Gegenstandes denselben zunächst nur so aufzufassen. als ob ich ein Religionssystem aus willkürlich dogmatischen Behauptungen und Annahmen zusammengesetzt hätte. und darauf zu achten, ob irgend eine der Behauptungen mit dem Naturgesetz oder einer der anderen angeführten Behauptungen in Widerspruch gerathe.

Und wenn der freundliche Leser finden sollte, dass ein

solcher Widerspruch nicht existire. so wäre damit vorläufig das erreicht. dass für die bisherige mit der Naturwissenschaft und der Logik in Widerspruch stehende Religionsform eine andere Religionsform oder Auslegung gefunden wäre, in welcher obige Mängel nicht mehr enthalten sind. Um aber der Religionsform eine Berechtigung ihrer Existenz zusichern zu können, ist es unerlässlich nothwendig, irgend etwas, mag man es Gott, Allmacht, oder sonstwie nennen, als das Princip der absoluten Gerechtigkeit, welches als der erhoffte Richter und Schützer der in der Religionsform ausgedrückten Verhältnisse existirt, mit Wahrscheinlichkeit nachzuweisen.

Sollte es nun nicht gelingen, die Wahrscheinlichkeit desselben nachweisen zu können, so ginge damit auch der Werth der Religionsform selbst verloren, und damit man mir nicht den Vorwurf mache, ich habe an Stelle des einen Phantasiegebildes nur ein anderes Phantasiegebilde gesetzt, ohne für das Fundament zu sorgen, so habe ich mich bemüht, im zweiten Theil die Wahrscheinlichkeit der Gottesexistenz nachzuweisen, wobei ich gleichzeitig geschildert habe, wie und auf welche Weise auch gebildete Leute zu dem heutigen modernen Unglauben, dem dogmatischen Gegenstücke zu den bisherigen dogmatischen Religionsformen, gelangen.

In dem 3. Theil habe mich bemüht darzuthun, welche Richtung man einzuhalten habe, um dem Dogmatismus beider Seiten auszuweichen, um also in der Mitte der Wahrscheinlichkeit zu bleiben, wo man auch nicht Gefahr laufen würde, die von mir nachgewiesene Religionsform in der Zukunft zu dogmatisiren.

Sollten beim Lesen aber dennoch Widersprüche oder Bedenken auftauchen, was ja eintreten muss, nachdem vor Beendigung der Lektüre der Ueberblick über das Ganze fehlt, so bitte ich um etwas Nachsicht und Geduld, da ich die Hoffnung hegen darf, dass meine Darstellung ein einheitliches System zeigen wird, so dass Alles unter einem Begriff vereinigt mit diesem, sowie auch unter sich vollkommen harmonirt.

Währing b. Wien. Im Februar 1889.

Der Verfasser.

I. Theil.

Der Wille in unserem Glauben.

Es ist von jeher darüber gestritten worden, ob unser Wille aus einer wirklichen Freiheit des Geistes entspringe oder nicht, ob wir durch die Ursache, der wir unser Dasein verdanken, gelenkt werden oder nicht.

Am häufigsten war und ist auch noch die Ansicht vertreten, dass wir die Freiheit des Willens und daher die Verantwortlichkeit für unsere Handlungen haben, dass aber trotzdem die vermuthliche Ursache unseres Daseins (Gott) leitend in unser Geschick eingreife.

Wenn es sich aber in Wirklichkeit so verhielte, wären wir nur bedingt frei, da durch einen Eingriff Gottes unsere Lebenslage häufig gegen unseren Willen eine andere würde und uns dadurch die Gelegenheit entzogen würde, in selbstgeschaffenen Verhältnissen die Stärke des guten Willens zeigen zu können.

Es ist auch nicht einzusehen, weshalb wir den Verstand, die Vernunft und Urtheilskraft erhalten haben, wenn wir sie nicht voll und ganz zur Bekämpfung selbstgeschaffener Lebenslagen benutzen sollten.

Jeder Tag und jede Stunde bringt uns die Erfahrung, dass die Natur zwischen schlechten und guten Menschen keinen Unterschied macht, und dass z. B. 500 fromme, rechtschaffene Menschen, wenn sie zu einem Gottesdienste ein für diese Menge zu kleines Schiff benutzen, Alle durch die Unbesonnenheit ihren Untergang finden; hingegen böse aber klügere Menschen, welche die Naturgesetze besser beachten, von der Natur auf das Beste bedient werden.

Die Worte von Gottes unerforschlichem Rathschluss helfen uns zu keiner Einsicht; wäre es da nicht besser, den Gottesbegriff derart aufzufassen, dass alle Erfahrungen des Lebens mit ihm in Einklang stünden?

Die Weltgeschichte lehrt uns. dass in früheren Jahrtausenden zu Folge der Unkenntniss der Naturgesetze der Gottesbegriff so menschlich gefasst war, dass man annahm. Gott habe die Sonne, den Mond und die Sterne nur für unsere kleine Welt geschaffen. wir seien der Mittelpunkt der Schöpfung und Gott wandle unter uns und ertheile persönlich. wie z. B. vom Berge Sinai, seine Befehle.

Die Art und Weise der Gottesverehrung hat nun vielfach gewechselt und ist dementsprechend bis auf unsere Zeit auch der Gottesbegriff nach und nach ein höherer. menschenunähnlicherer geworden.

Die Religionsausübungen waren und sind auch heute noch die Form der Religion. Das Bleibende aller Religionsformen. welches immer deutlicher und klarer hervortritt. ist die Moral.

Die jetzige Religionsform scheint nun Vielen nicht mehr mit den Erfahrungsthatsachen der Naturwissenschaft in Einklang zu stehen, weshalb diese Leute es für selbstverständlich und eines gebildeten, aufgeklärten Menschen würdig halten. die Religionsform und den Gottesbegriff als veraltet und überflüssig zu behandeln.

Wenn es nun gelänge. eine Religionsform zu finden, worin ein Jeder. auch der einsichtsvollste Naturforscher. jeden Glaubenssatz aus Ueberzeugung annehmen könnte. so wäre dadurch ein ideales Land entdeckt, in welchem alle diejenigen Menschen. welche den Boden unter den Füssen verloren haben. sich wieder vereinigen könnten.

Das Bedürfniss dazu hat ja ein Jeder. wenn er sich auch einredet, es nicht als ein Bedürfniss zu spüren.

Aus der Beantwortung nachstehender Fragen möge nun ein Jeder beurtheilen. ob die Entdeckung eines solchen idealen Landes möglich ist oder nicht. Ich bemerke nun noch ausdrücklich. dass in der folgenden Abtheilung über die Wahrscheinlichkeit der Gottesexistenz nichts gesagt und seine Existenz kurzweg angenommen ist: wer meine Ansicht hierüber vorher zu erfahren wünscht, den bitte ich. den zweiten Theil zuerst zu lesen. da derselbe ausschliesslich diesem Gegenstande gewidmet ist.

Auffindung der Form der Zukunftsreligion durch Beantwortung nachstehender Fragen.

Weshalb hat Gott uns erschaffen?

Um uns glücklich zu machen. (Die Begründung dieser Behauptung ist später gegeben, ebenso der Nachweis, dass unsere Erschaffung das Resultat der Willensäusserung einer Intelligenz zu sein scheint.)

Wie ist dieses möglich?

Wir müssen Gelegenheit haben, das Unglück kennen zu lernen, um das Glück begreifen zu können.

Wenn ein Mensch etwas geschenkt bekommt und ein anderer Mensch sich dieses durch eigene Anstrengung erworben hat, wer ist dann der Glücklichere?

Der letztere, denn in der Freiheit und in dem Bewusstsein des Erfolges seiner Anstrengungen fühlt er sich froh und heiter.

Er hat Anspruch auf Achtung und vermag sich selbst zu achten.

Wenn Gottes Liebe unendlich gross ist, so wird er uns letzteren Zustand verschaffen, aber wie?

Er muss uns die vollständige Freiheit des Handelns geben und uns so erschaffen, dass wir das hohe Ziel der Glückseligkeit durch eigene Kraft zu erringen vermögen.

Ist das geschehen?

Ja! und haben wir Gott dafür zu danken, dass er uns die Werkzeuge in unserer geistigen Einrichtung gegeben, sowie die Gelegenheit geschaffen hat, durch unser Erdenleben unsere Kraft einsetzen zu können.

Woraus bestehen diese Kräfte?

I. Aus Verstand, um Alles, was wir beobachten, zu verstehen und das Beobachtete für uns in Erfahrungsthatsachen zu verwandeln.

II. Aus Vernunft, um aus den verschiedenen Beobachtungen oder aus den in Erfahrung gebrachten Thatsachen schliessen zu können, also urtheilsfähig zu sein.

III. Aus dem Gewissen, welches aus unerklärlichem

Grunde uns vor Bösem warnt. zum Guten antreibt. Für das Gewissen könnte man auch die Weisheit setzen. welche in uns ein Gefühl der Beschämung hervorruft. wenn wir Unrecht gethan, d. h. gegen die Prinzipien der Natur verstossen haben.*)

Nachdem uns diese Kräfte zwar selbstständig machen, wir als empfindende Wesen aber den Naturgewalten leicht zum Opfer fallen, so muss man untersuchen, ob Gott dann und wann einem leidenden Menschen aus seiner bedrängten Lage hilft. ob er also in unser Geschick eingreife. Ist dieses der Fall? — Vermuthlich nicht!

Denn würde er uns Menschen auf Erden leiten, so wären wir nur Automaten ohne Verdienst mit überflüssiger Vernunft und Gewissen; würde Gott nur hie und da eingreifen. so könnten sich die nicht Geleiteten für benachtheiligt halten, und den Geholfenen wiederum wäre eine Gelegenheit entzogen, durch eigene Kraft die gute Seite ihres Charakters zu befestigen.

Auch darf man in dem Gotteswerke. in der Schöpfung eine solche Vollkommenheit erwarten. dass keine Reparaturen. wie bei einem Menschenwerke, nothwendig sind.

Ein Eingriff Gottes in seine Schöpfung käme aber einer Nachhülfe. einer Reparatur gleich.

Wer also Gottes Eingreifen in unser Geschick annimmt, hat einen viel kleineren Begriff von Gott als derjenige. welcher Gott durch Erforschung seines Werkes so weit erkennt, dass er bemerkt. in der Schöpfung komme keine Ausbesserung vor, sei keine Nachhülfe nöthig. diese Begriffe seien erst mit unseren menschlichen und deshalb endlichen Werken entstanden.

Weshalb kein Eingreifen und keine Nachhülfe Gottes nothwendig ist, auch in den verzweifeltsten Lagen, wird gleich näher dargethan.

Wir empfindende Wesen sind nun einem fortwährenden Veränderungsprozesse der Materie ausgesetzt.

Der Materie ist es gleichgültig. welche Verbindungen sie eingeht, aber nicht uns. da wir grösstentheils durch das chemisch-mechanische Durcheinander der Materie zu leiden haben.

Dass dieser Zustand für uns kein glücklicher ist, sieht

---

* Siehe J. J. Davis — „Die Prinzipien der Natur" — bei Oswald Mutze, Leipzig.

ein Jeder leicht ein, wenn man aber nachdenkt. kann man zu der Erkenntniss kommen. dass dieser Zustand sogar zu unserem Besten dienen kann.

Durch ihn (diesen Zustand) sind wir in die Lage gesetzt. Glück und Unglück kennen und unterscheiden zu lernen.

Unser eigenes physisches Leiden soll uns eine Sehnsucht nach einer Daseinsform wachrufen. die wir uns als menschenwürdig vorstellen. aber auf Erden nicht erreichen können: die Beobachtung der Leiden anderer Menschen um uns herum soll uns Gelegenheit geben. Gutes zu thun. also Gelegenheit geben. unseren Charakter zu veredeln.

Diese zwei Hauptbedingungen. Sehnsuchtserweckung nach einem anderen Leben. sowie Charakterveredlung. wodurch wir uns die Würdigkeit zu einem solchen Leben verschaffen. können sich nur in einem leidenden Zustande erreichen lassen.

Um aber das Gefühl und das Bewusstsein der Würdigkeit erringen zu können, müssen wir völlig frei. das heisst vogelfrei sein.

Das Wort „vogelfrei". ein Zustand in unserem Verhältniss zu Gott. ist so aufzufassen. dass wir während unseres irdischen Lebens auf keinen Schutz von Gott. also auf keinen Eingriff Gottes zur Wahrung der Gerechtigkeit zu rechnen haben.

Gott hat die Bedingung zur Erreichung des Zieles in uns gelegt und uns die Erde zur Benutzung überlassen. Wer wollte es wohl unternehmen. einen besseren Weg zu finden. um geschaffene Wesen zu dem Bewusstsein der eigenen Würdigung zu bringen?

In dem Bewusstsein und in der Einsicht, dass und weshalb wir vogelfrei sein müssen. liegt die höhere Stufe (der Erkenntniss Gottes). die wir erklommen haben. um die Vollkommenheit und Einheit der Schöpfung erkennen zu können.

Wir denken uns Gott grösser und erhabener. da wir nicht mehr im Hinweis auf den irdischen Jammer zu sagen gezwungen sind „Gottes Wege sind unerforschlich".

Ihm ist die Schuld bei scheinbaren Ungerechtigkeiten und Unglücksfällen nicht mehr beizumessen. ein Eingreifen seinerseits erkennen wir als der Grösse seines Werkes nicht würdig und nicht nöthig. weil Alles. auf einen Endzweck abzielend, im Hinblick auf diesen Endzweck keinen Widerstreit mehr zeig

Es muss unsere grösste Bewunderung erregen, zu bemerken, auf welche Weise Geschöpfe, die immer noch abhängig sind und bleiben, trotzdem aus eigener Kraft zu einem frohen, freien Dasein gelangen müssen, nämlich in dem errungenen Bewusstsein ihrer Würdigkeit.

Wenn wir also fragen:

Ist Gott für das auf Erden herrschende Unglück verantwortlich zu machen?

so können wir getrost mit „nein" antworten.

Man denke sich eine brave, rechtliche Familie.

Ein Krieg lässt die Familie dadurch zu Grunde gehen, dass ein Sohn im Kampfe fällt, der andere Sohn durch eine Krankheit zu Grunde geht, das Geschäft ruinirt ist und der Mann aus Kummer auch dahingerafft wird.

Die alleinstehende Frau verdient sich noch durch mehrere Jahre kümmerlich ihr Brod. Endlich stirbt auch sie. Sie ist verhungert, d. h. dem modernen, socialen Hunger erlegen, der einige Jahre zur Untergrabung der Gesundheit braucht.

Diese Frau wird noch eine Stunde vor ihrem Tode sagen: „Der liebe Gott verlässt mich nicht."

Trotzdem verhungert sie inmitten einer volksreichen Stadt. Was nun?

Hat Gott sie verlassen?

Nein, gewiss nicht! Die Frau war nur in dem Irrthum befangen, dass Gott auch hier schon eingreife.

Diesen Glauben haben nun noch die meisten Menschen und soll man denen, die noch blind glauben, diesen Glauben auch nicht nehmen, da er ihnen Ruhe und Frieden giebt.

Aber denen, welche die fortschreitende Zunahme der Kenntnisse diesen Glauben entrissen hat, denen muss man sagen:

Ja! Wir sind frei, aber damit auch vogelfrei.

Müssen wir nun das von Christus gebotene „Glaubet"
schwinden lassen?

Ja! Christus hätte in einer, in hohem Grade im Aberglauben versunkenen Bevölkerung mit der einfachen Morallehre keine Wirkung erzielt, da man ihn vermuthlich gar nicht verstanden hätte; und da dem Aberglauben gegenüber nur ein derbes Mittel wirksam ist, so musste Christus die Religion der Befehlsform wählen, die in dem Gebote „Glaubet" ihr charakteristisches Merkmal empfangen hat.

Sowie der Aberglaube aber zu schwinden anfängt, ist die Befehlsform nicht mehr am Platze, weil man nun nach der Begründung fragt und leicht zu der Einsicht kommen kann, dass derjenige, welcher ohne jeglichen Glauben ein moralisch guter Mensch geworden ist, eher eine Belohnung verdient als derjenige, welcher in Erwartung einer Belohnung eines Anreizes zur Begehung guter Handlungen bedurfte.

Das kindlich fromme, so schön und poetisch klingende „Ich glaube" kann also in einer Religionsform der Zukunft nicht verbleiben, da die Befehlsform mit der vom Aberglauben befreiten Vernunft sich nicht vereinbaren lässt.

Müssen wir auch die Verheissung von der Vergebung der Sünden schwinden lassen?

Dem Wortlaut nach ja! Dem Sinne nach nein.

Hier wird nun wohl die Vernunft am meisten mit dem auferzogenen Gefühl in Widerspruch gerathen, doch man erschrecke nicht zu sehr, ich werde später zeigen, dass eigentlich nur eine Aenderung nothwendig ist und der bisherige Sinn der Vergebung um vieles klarer und nicht mehr misszuverstehen, mit der Gerechtigkeitsidee innig verknüpft, wiederkehrt.

Das dogmatische „Ich glaube" und der bildlich aufgenommene Gedanke der Sündenvergebung hat die Menschen verleitet, sich von Gott einen, wenn auch übermächtig grossen, aber doch menschenähnlichen Begriff zu machen, so dass sie auch unseren Leidenschaften ähnliche Eigenschaften bei ihm voraussetzten, und nun vermeinten, durch Gelübde, vieles Beten, Geschenke, geweihte Kerzen etc. auf ihn zum Heile ihrer Seele einzuwirken.

Es entstand also durch diese Gottesvorstellung ein Handel mit Gott, dem man eben zutraute, die Seelen je nach Befund in den Himmel der Freuden oder die Hölle der Leiden eingehen zu lassen.

Ja, der Gottesbegriff war schon so weit gesunken, dass man ihm zutraute, er würde wegen gewisser Vergehen, welche die Menschen während ihrer kurzen Lebensdauer begehen könnten, diese auf ewige Zeiten in die Hölle schicken.

Wenn wir nun den menschlichen Begriff von Gott fortnehmen und nur noch aus seinen Werken auf ihn schliessen, so kommen wir zu der Einsicht, dass er unerbittlich, unkäuflich, wie die Natur selbst, sein müsse, und dass es uns, analog der Natur, im Jenseits genau in dem Verhältniss, wie wir hier unseren inneren Menschen, unseren Charakter veredelt oder vernachlässigt haben, dort angenehm oder unbehaglich vorkommen müsse.

Diese Ansicht wird durch die Naturgesetze unterstützt, indem wir ein Wachsthum bis in die andere Welt hinein sehr wohl annehmen dürfen; und wie sich hier alle Thiere bei plötzlicher Veränderung ihrer Umgebung wohler oder unbehaglicher fühlen, uns vergleichsweise vorstellen können, dass es auch auf uns so zu wirken vermöge.

Wie nun doch dieselbe Wirkung, wie sie bei der Vergebung der Sünden gedacht wird, bei allen Menschen ohne Ausnahme eintreten muss, ist im nächsten Abschnitt (natürlich nur als Schluss auf die Wahrscheinlichkeit) niedergelegt.

Wahrscheinlichkeitsbeweis der Fortexistenz unseres Geistes in einer anderen Daseinsform.

Wir bemerken in der Natur im Grossen wie im Kleinen die vollkommenste Harmonie.

Nichts kann verloren gehen, es wechselt nur die Form. Die Naturgesetze sind so wunderbar gegeben, dass, soweit wir sie einzusehen vermögen, nichts sie umstossen oder in Unordnung zu bringen vermag. Wenn wir sie besser kennen würden, so würden wir die grössten Vortheile erreichen, ein kleiner Verstoss jedoch gegen die Gesetze, einerlei, ob wissentlich oder aus Unkenntniss, rächt sich sicher und zieht seine Strafe unerbittlich nach sich.

Die Natur zeigt sich uns also als eine liebende Mutter, die hundertfach belohnt, die aber auch die Eigenschaft der alleräussersten Gerechtigkeit besitzt, die unerbittlich begangene Fehler straft, zwar ohne Leidenschaft oder Erbitterung, aber mit sicherer Schärfe.

Sie zeigt sich unbeeinflussbar, unerbittlich, wie die Gerechtigkeit mit verbundenen Augen, die keine Standesunterschiede kennt.

Nachdem wir nun in der bewusstlosen Natur den grössten Ordnungssinn und in dem Verhältniss der Natur zu uns empfindenden Wesen die Gerechtigkeit konstatirt haben, so muss es uns stark befremden, zu bemerken, dass in der Krone der Schöpfung, in dem Geistigen in der Natur, also in dem Höchsten, was die Natur geschaffen hat, im Menschen, sich die Ungerechtigkeit zeigt.

Und zwar liegt mit Naturnothwendigkeit, betreffs des Antheils an den Gaben der Natur, der Sieg, der Vortheil immer auf Seiten der ungerechten Menschen, der Menschen mit egoistischen, hartherzigen, rücksichtslosen Charaktereigenschaften.

Im Kampf ums Dasein tragen diese Leute also, deren oben genannte Charaktereigenschaften gewöhnlich mit dem Worte „energisch" bemäntelt werden, mit Naturnothwendigkeit den Sieg davon.

Diese Wahrheit ist so bedeutend, dass wir behaupten können, dass mit wenig Ausnahmen die einflussreichsten Leute aller Unternehmungen mehr oder weniger zu den energischen Charakteren gehören, d. h. mehr oder weniger den Mangel guter Eigenschaften aufzuweisen haben.

Ein Charakter wird je schlechter, je mehr er sich von dem, was die Moral als Pflicht aufstellt, entfernt.

Wie es kommt, dass gerade die einflussreichen Leute in privaten und staatlichen Unternehmungen in dem Verdachte stehen, sogenannte energische Charaktere zu sein, mag folgendes Beispiel illustriren.

Zwei Schutzleute haben ein Stromgebiet zu überwachen, und da unerlaubter Weise ziemlich viel Leute baden, so haben beide Schutzleute hier zu interveniren.

Der eine von ihnen mit gutem Herzen sagt: „Geht doch aus dem Wasser, das Baden ist hier nicht erlaubt, ich sollte Euch eigentlich anzeigen." Der andere, der nur an sein Vorwärtskommen denkt, notirt die Leute sogleich, wodurch diese der Bestrafung zugeführt werden, er selbst aber die Aufmerksamkeit seiner Vorgesetzten erregt und schnell avancirt, während der Andere nur langsam oder garnicht vorwärts kommt.

Man sieht hieraus, dass, je rücksichtsloser man sich vordrängt, unbekümmert um Andere, man desto schneller zum Ziele gelangt, während die Gutherzigkeit häufig genug die Ursache ist, dass es den Betreffenden hier auf Erden recht schlecht ergeht.

Also ist man berechtigt zu sagen, dass es nur natürlich ist und mit Naturnothwendigkeit eintreten muss, dass die einflussreichen Persönlichkeiten zum mindesten den Mangel hervorragend guter Eigenschaften zeigen, es sei denn, dass sie ohne den Kampf ums Dasein, durch ein ererbtes Vermögen die Stellung bekommen haben.

Auch bei den talentirteren Leuten haben die Rücksichtslosesten wieder den grössten Erfolg.

Also nochmals wiederhole ich:

In der bewusstlosen Schöpfung zeigt sich die Ordnung und der Gerechtigkeitsausgang, und in der bewussten Schöpfung die mit Naturnothwendigkeit triumphirende Ungerechtigkeit.

Jetzt müssen wir uns fragen:

Wenn eine Intelligenz, ein Gott die Welt geschaffen hat, kann man da annehmen, dass in ihm dieselben Eigenschaften angetroffen werden müssen, wie in seinen Geschöpfen?

Doch zum mindesten dieselben, ja mit unendlicher Wahrscheinlichkeit alle diese Eigenschaften in viel vollkommener, in der vollkommensten Weise.

Die schlechten Eigenschaften auch bei Gott anzunehmen, dazu haben wir keinen berechtigten Grund, da wir endliche Wesen uns als Stücke eines Meisterwerkes betrachten müssen und als solche nicht die Vollkommenheit des Ganzen besitzen können, wenngleich wir alle zusammen, zu einem Endzwecke zusammen gefasst, sehr wohl harmoniren können.

Da wir einem Schöpfungsakt (weshalb? ist in dem zweiten Theil gesagt) unser Dasein zu verdanken scheinen, so müssen die Bestandtheile, aus denen wir und die Welt bestehen, schon vorher in Gott oder in der Idee Gottes als ein einheitliches Ganzes bestanden haben.

Um nun glückliche Wesen aus dem vorhandenen, für uns unerforschlichem Urgrunde, Urelement hervorgehen zu lassen, musste Gott das Einheitliche auflösen* und gleichzeitig allen einzelnen Theilen die Begabung verleihen, durch die Anstrengung des ihnen verliehenen Willens zu der Schönheit und Harmonie der früheren Einheit zurückkehren zu können: nur dass vermuthlich dann der Unterschied eingetreten sein wird, dass früher die Idee nur in Gott existirte, während sie nun zum Schluss von dem Werke selbst, von allen empfindenden Wesen mitempfunden wird.

Die bei uns Menschen vorkommende Bösartigkeit wäre also nur deshalb vorhanden, weil wir als einzelne Stücke unseren früheren Zusammenhang noch nicht wieder gefunden hätten, während hingegen der bei einzelnen Menschen vorkommende Gerechtigkeitssinn und die Liebe zu der Gesammtheit eine Ahnung der Schönheit des Ganzen aufkommen liesse.

Also aus den vorhandenen guten Eigenschaften dürfen wir auf eine unermessliche Güte des Meisters schliessen: und da wir wissen, dass unter uns Menschen einige mit ausgesprochenem Gerechtigkeitssinn existiren, andere wiederum eine Liebe, ein Wohlwollen für die gesammte Menschheit besitzen, so sind wir berechtigt, zu schliessen, dass Gott diese Eigenschaften auch besitzen müsse.

Und nachdem wir bemerkt haben, dass nach unserer Erfahrung in der bewussten Natur, der geistigen Natur der Menschheit, der Gerechtigkeit **nicht** zum Siege verholfen wird,

so müssen wir zur Folge der Gerechtigkeitsliebe Gottes annehmen, dass der Ausgleich in der geistigen Natur mit dem, was wir hier auf Erden bemerken, sein Ende noch nicht erreicht habe.

Und da Gott auch die Eigenschaft der Liebe haben muss, ist es nun verständlich, dass er uns in diese momentan unangenehme Situation versetzen musste, damit wir Gelegenheit haben, durch eigene Kraft die Glückseligkeit zu verdienen.

Hieraus ist nun auch die Begründung der Antwort auf die erste Frage „Weshalb hat Gott uns erschaffen" gegeben.

Wenn man meint, dass die Gerechtigkeit hier auf Erden schon dadurch eingetreten sei, dass das Bewusstsein erfüllter

---

* Wie? ist später gesagt.

2

Pflicht auch unter schlechten Lebensverhältnissen zufrieden machen könne. die Egoisten. also die Geldmenschen nie innerlich zufrieden wären und mit zunehmendem Alter immer unzufriedener mit sich und der Welt würden. so kann man sich doch auch die Möglichkeit denken. dass bei einigen Egoisten die Strafe entfalle.

Von diesen Leuten mit schlechtem, selbstsüchtigen Charakter können doch einige durch glückliche Spekulationen so viel Erheiterung und Vergnügen erhalten, dass sie. in noch jüngeren Jahren sich befindend, im Vollgenuss ihrer Kraft plötzlich, ich möchte sagen schmerzlos sterben und bei ihnen somit der Ausgleich durch den Eintritt der inneren Unzufriedenheit entfiele.

Sollte nun. auch nur **ein einziges Mal** so lange die Welt besteht. eine solche ungerichtete Ungerechtigkeit geblieben sein, also eine Ungerechtigkeit konstatirt sein. die nicht behoben wäre. so wäre damit in dem Geistigen in der Natur die Ungleichheit konstatirt, was ja in der materiellen Natur, als auf Gesetzen beruhend, nicht vorkommt.

Und dass nun die armen Irländer, die von den reichen Grundbesitzern von Haus und Hof vertrieben, in dem Bewusstsein ihrer erfüllten Pflicht. aber dennoch vor Hunger zu Grunde gegangen. und zwar zufrieden zu Grunde gegangen sind. das glaubt wohl Niemand; während man ebenso wenig den Ausgleich der Gerechtigkeit bemerken kann, wenn einer der reichen Gutsherren wegen Ueberfüllung des Magens plötzlich starb. denn ein schneller Tod und eine Lebensabkürzung ist doch keine Strafe. kein der Gerechtigkeit genügender Ausgleich.

Nachdem uns nun eine Fortexistenz des Geistes als wahrscheinlich erscheint, können wir auch einen Schluss auf unsere Beziehungen zu dem unbekannten Jenseits wagen, ohne der Phantasie anheim zu fallen, da auch hier, von der Erfahrung. also von der Natur ausgehend, ein Weg gefunden werden kann.

Wir wissen ganz genau, was hier bleibt und was wir mitnehmen können, und zwar bleibt alles, was der Materie angehört, hier. während wir die Charaktereigenschaften, die unsere Individualität ausmachen, mitnehmen. Und da, wo mehrere Individuen sich befinden, immer Unterschiede in den Vermögensverhältnissen sich zeigen. so können wir auch annehmen, dass, da wir den äusseren Reichthum zurück lassen müssen, wir nunmehr, den inneren Reichthum besitzend, diesen gegeneinander vergleichen können.

Ob uns sonst noch Schätze und Reichthümer zukommen, diese Frage zu untersuchen, ist nur müssige Spielerei, da wir hierüber nichts wissen können.

Wir halten uns also an das Bekannte und untersuchen, welchen Nutzen es haben kann, sich hier auf Erden innerlich zu bilden, also im Charakter sich zu veredlen, d. h. inneren Reichthum zu sammeln, oder nur dem äusseren Erwerb, dem Gelderwerb nachzugehen.

Angenommen, ein grosser Banquier und ein kleiner Tagelöhner sterben beide, die Erde mit ihrem Getriebe verschwindet für sie und sie treten in eine neue Daseinsform ein.

Der Reiche, der mit seiner ganzen Schaffenskraft, seinen Neigungen und Leidenschaften dort ankommt, denn dieses alles gehört unveräusserlich zu seinem Charakter, fühlt sich mit einem Schlage in eine unbehagliche, unerträgliche Situation versetzt. Was ihn bisher interessirte, ist für ihn unerreichbar, es existirt nur noch in seiner Erinnerung, seinem Begehren.

Der Andere dagegen, der sich früher schon mehr mit sich selbst beschäftigt hatte, der sich bemüht hatte, seinen Charakter zu veredlen, der den Gelderwerb nur als ein Mittel zum Zweck, nicht als den Zweck des Daseins selbst betrachtet hatte und seine Blicke schon voll Hoffnung auf ein zukünftiges Leben gerichtet hatte, fühlt sich nunmehr behaglich, heiter und froh.

Die Sorgen sind vorüber und er verfügt nun noch über einen gewissen (inneren) Reichthum.

Da wir Menschen aber von Natur aus, also als Anlage, den Willen in uns haben stets bestrebt zu sein, unsere Lage zu verbessern, so ergiebt sich nun von selbst, dass kein Mensch, auch wenn er noch so schlecht war, immer in dem Zustande, Hölle genannt, verbleiben möchte.

Man kann es wohl als selbstverständlich annehmen, dass der frühere Industrielle bald anfangen wird, sich um die Verbesserung seiner Lage zu bemühen. Die günstige Gelegenheit, die er hier auf Erden hatte, ist nun natürlich vorüber, doch bleibt ihm nun noch das Mittel, sich den Leuten gegenüber, die noch schlechter als er waren, entgegenkommend und hülfreich zu erweisen. wodurch er wiederum die ihm fehlende Herzensgüte und Zufriedenheit. wenn auch vielleicht erst in hundert oder tausend Jahren, zu erringen im Stande ist.

Die Höllenstrafe mag darin bestehen, dass es den schlechten Charakteren nur langsam gelingen mag. das auf Erden verkannte. dann aber ersehnte Ziel zu erreichen.

So kommt denn Alles genau im Verhältniss seiner Verdienste. seiner Anstrengungen zum Ziel, und ist auch hierdurch die Schwierigkeit behoben. den der Gedanke machte: „Wie können die Menschen vollkommen glücklich werden, denen ein Kind so entartete. dass die Kirche es als ewig verdammt betrachtete? Wie sollten die Eltern dieses Kindes jemals gänzlich glücklich werden können?"

Wissen die Eltern jedoch. dass auch dieser einstweilen noch tief stehende Mensch die Höhe des Glücks und der Zufriedenheit mit Naturnothwendigkeit erreichen muss, so steht ihrem Glücklichkeitsgefühl nichts mehr im Wege. Zu dieser Erkenntniss kommen wir also durch die Beobachtung, dass in der gesammten Natur ein jedes Ding nach Verbesserung seiner Lage strebt, dass fortschreitend. wachsthumartig die Bewegung oder Kraft im Organischen, im Stoff, sich zum Leben im Pflanzlichen. zum Empfindenden im Thierischen und zum Denkenden im Menschen entwickelt und von diesem die Weiterentwicklung in der Verfeinerung seiner geistigen Natur zu finden ist.

Wir wissen, dass dasjenige, welches in der gesammten Natur, der Materie (Kraft und Stoff) und dem selbstbewussten Willen zum deutlichsten Ausdruck kommt. das Bestreben ist.

seine Lage stets zu verbessern.

Wir wissen, dass dieses Bestreben in der bewusstlosen Natur die theils langsame. theils plötzliche Veränderung. den Formwechsel der Massen herbeiführt.

In der zum Bewusstsein gekommenen Natur. der Thierwelt. führt es zur Vernichtung des einen Lebens durch das Andere und in der selbstbewussten und urtheilsfähigen Natur. dem Menschen, führt es theils zum Kampf ums Dasein, wie bei den Thieren. theils zur Veredlung des Charakters bei gleichzeitiger Unterdrückung der materiellen Begierden. weil

der **freie** Wille die Charakterveredlung als das Wünschens-
werthere einzusehen vermag und dadurch mit Selbstbewusstsein
seine Stellung in der Natur zu erheben. d. h. zu verbessern
vermeint oder beabsichtigt.

Die bewusstlose, sowie thierische Natur ist nun nicht in
der Lage, mit seinen Willensbestrebungen Missbrauch zu treiben,
obgleich die Mordbegierde der Raubthiere eine Verbindung zu
den bei den Menschen vorkommenden Eigenschaften herzustellen scheint. sie kommt aber ernstlich nicht in Betracht,
weil die höhere Urtheilsfähigkeit, sowie die Regungen des
mahnenden Gewissens den Thieren vermuthlich fehlen.

Bei der selbstbewussten und urtheilsfähigen Natur dagegen,
dem Menschen, kann die Willensrichtung „stets seine Lage
zu verbessern“, zum Missbrauch führen und tritt dem nun das
warnende Gewissen entgegen.

Auch das Bedenken, dass die Natur in dem körperlichem
Kunstwerk, dem Leib des Menschen, noch nicht ihre höchste
Leistung erreicht haben könne und wir noch eine andere
Daseinsform durchzumachen hätten, treibt uns an, zur Ver-
besserung unserer Lage in dem vermuthlichen Jenseits hier
schon etwas beizutragen.

Wir sehen also, dass die Gabe Gottes, welche uns zur
Erreichung des hohen Zieles, durch **eigene** Kraft die Glückseligkeit zu erreichen, befähigen soll, der eingepflanzte Wille
sein muss, der, die ganze Natur durchfluthend, endlich durch
die häufige Veränderung seiner Lage zur Einsicht, zur Veredlung und zur höchsten Vollkommenheit mit Naturnothwendigkeit kommen muss.

Wenn nun auch noch Lücken in der Erkenntniss bleiben,
so dürfen wir diese doch nicht für Klippen halten, an welcher
das Schiff der Gerechtigkeit zerschellen könnte. So ist es
zum Beispiel schwierig einzusehen, was mit den klein verstorbenen Kindern, sowie mit den Blödsinnigen geschehen mag,
hier kann man eben nur die Hoffnung ausdrücken, dass die
nächste Daseinsform oder noch mehrere Daseinsformen zu
deren Ausbildung genügende Gelegenheit bieten mögen.

Man sieht also, dass durch das Wachsthum unseres
Charakters, als der Natur angepasst, wir einen guten Ersatz

für die Vergebung der Sünden bekommen haben und die Gerechtigkeit Gottes nun viel besser zum Verständniss kommt, als vorher.

Es würde auch ein fortwährender Widerspruch bleiben, sich einen Gott zu denken. der seine Geschöpfe. die Menschen, so schwach und widerstandsunfähig geschaffen hätte. dass diese garnicht umhin könnten, zu sündigen, und Gott sich nun ihre Verlegenheit zu Nutze machte. um ihnen ihre Sünden zu vergeben.

Gott würde nach dieser Auffassung sich eigentlich seine Fehler in der Schöpfung selbst vergeben.

Die bisherige Religionsform ist demnach durch die Eigenthümlichkeit des Wunders und der Behauptung charakterisirt, während die Zukunfts-Religion ihren Charakter aus der Ableitung aus der Natur-Erkenntniss empfangen muss.

Erstere steht mit der Erfahrung in Widerspruch. Letztere dagegen wird durch die Erfahrung gestützt und verdient somit den Vorzug, weil diejenigen Hypothesen, welche die meisten Erfahrungen erklären, immer als der Wahrheit am nächsten den Vorzug verdienen.

Die Begründung der Form der Zukunfts-Religion ist durch Vorstehendes gegeben, die Art und Weise der Ausübung des Gottesdienstes ist im dritten Theil in den hauptsächlichsten Zügen besprochen.

II. Theil.

Der Wille in unserem Gottesbegriff.

Ein Gespräch.

Emil. Wie gefällt Dir die Abhandlung über die Begründung einer Zukunftsreligion?

Leopold. Nicht übel. doch ist der Nachweis der Wahrscheinlichkeit der Existenz Gottes nicht erbracht und damit würde das ganze Gebäude der Gerechtigkeit etc. sein Fundament verlieren.

So lange mir nicht greifbarere Beweise als bisher gebracht werden, lasse ich Alles. was mit einem Glauben verknüpft ist. unbeachtet, da die Resultate der exakten Forschung meiner Phantasie genügende Beschäftigung geben, und es mir ja auch gestattet ist anzunehmen, dass die Forschung dereinst noch eine klare Einsicht bekommen wird.

Einstweilen haben wir durch die grossartigen Entdeckungen dieses Jahrhunderts eine reine Naturanschauung bekommen. die jedem gebildeten Menschen genügen muss, und wenn er das Bedürfniss zur Andacht hat, auch bei der Bewunderung der Grossartigkeit der Natur sein Herz mit Andacht füllen kann.

Der Darwinismus und die durch Dr. Büchner gegebene Lehre von Kraft und Stoff haben uns so bedeutende Einsichten in die Natur verschafft. dass wir. von der Romantik des Glaubens völlig emancipirt, statt des Gottesbegriffs die Naturnothwendigkeit haben annehmen müssen und nun nicht mehr das Recht besitzen. uns über die Natur zu erheben.

Emil. Hiergegen, lieber Leopold. habe ich auch nichts einzuwenden. mir scheint aber, dass man mit zu Grundlage der Natur dasjenige retten kann. was Du. als Romantik des Glaubens bezeichnend. verloren gegeben hast.

Ich meine damit. dass man immerhin noch, und zwar besser und einsichtsvoller als bisher, den Zweck der Schöpfung in Bezug auf uns zu erkennen vermag. mag man die erste Ursache nun Gott nennen oder Naturnothwendigkeit.

Leopold. Da bin ich ganz der entgegengesetzten Ansicht und wirklich begierig, ob Du Deiner Behauptung einen Schein der Wahrscheinlichkeit zu geben vermagst, doch vorher will ich Dir noch sagen. wie ich über den Zweck des Ganzen in Bezug auf uns denke.

Ich finde es ganz natürlich, dass man nach dem Zweck des Daseins fragt und sich bemüht. ihn aufzufinden. Ich habe auch gesucht, aber. aufrichtig gesagt. nirgends einen wirklichen grossen Zweck finden können.

Da ich und meine gleichdenkenden Freunde nun keinen Zweck zu erkennen vermögen. trachten wir dieses uns aufgedrungene Leben so angenehm und bequem wie möglich zu verbringen. damit es erst für uns zu leben einen Zweck habe.

Was wir nicht aus diesem Grunde thun. geschieht uneigennützig, um anderen Menschen oder der Welt gefällig zu sein. immerhin mag aber die innerste und erste Triebfeder dennoch der Eigennutz. nämlich befriedigte Eigenliebe sein.

Man lebt also zweckmässig. wenn man nur für sein eigenes Wohlergehen und dasjenige seines engsten Freundeskreises sorgt.

Um das aber mit äusserster Ueberlegung zu thun. so dass man sich später nie den Vorwurf der Dummheit zu machen braucht. scheint es mir am nützlichsten, dieserhalb die ganze Kraft seines Verstandes aufzubieten.

Das mag beim ersten Blick trivial und egoistisch erscheinen. es ist aber durchaus nicht Bedingung, dass der so denkende Mensch Egoist ist.

Die Einsicht in die Natur lässt uns eben keine andere Wahl. und kommen wir mit Nothwendigkeit zu dieser Auffassung des Weltzweckes.

Hieraus folgt nun. dass die gemeinsten realistischen Gedanken eigentlich die einzig wahren sind. wenn man auch befürchten muss, die Empfindungen für das Angenehmste und Höchste zu verlieren.

Dieses ist allerdings sehr schade, aber eine nothwendige Consequenz der entwickelten Ansichten, man muss es also hinnehmen oder seine Ansichten ändern. Letzteres geht aber nicht an. da das, was man mit seinem Verstande erkannt hat. für einen Jeden Urquell all seines Denkens und Thuns bleibt.

Entweder ist meine Erkenntniss nun noch nicht so weit wie die Deinige oder aber weiter. weshalb ich bei meiner Ansicht so lange verharren muss. bis es Dir gelungen ist. mich zu einer anderen Ueberzeugung zu bringen.

Emil. Also. lieber Freund. Du bekennst Dich auf Grund des Darwinismus und auf Grund von Büchners Kraft und Stoff zu Deinem eigenen Bedauern. gewissermassen gezwungen. zu der materialistischen Richtung.

Wenn ich Dir also Opposition machen wollte. so könnte es nur dadurch geschehen, dass ich nachweisen müsste. wie der Darwinismus und die Kraft- und Stofflehre den Gottesbegriff nicht beseitigen. sondern mit demselben ganz im Einklang stehen. Die Uebereinstimmung mit dem Darwinismus werde ich später zeigen und vorläufig nur das Bollwerk der Materialisten. die Kraft- und Stofflehre ins rechte Licht rücken.

Dr. Ludwig Büchner hat. um es seinem Gläubigerkreise recht bequem zu machen eine Brochüre
„Der Gottesbegriff und dessen Bedeutung in der Gegenwart" mit der Absicht erscheinen lassen. den Gottesbegriff ein für allemal gründlich auszurotten.

Es scheint ihm auch geglückt zu sein. die sieben Beweise für die Existenz Gottes zu widerlegen. doch hat er hier. ich bitte dieses recht zu beachten. nur die veralteten. aus mangelnder Natureinsicht entstandenen Gottesvorstellungen widerlegt und dafür Folgendes als Erkenntniss. wie seine Anhänger glauben. aufgestellt.

Den Büchner'schen Ersatz für das zertrümmerte Dogma muss ich Dir des deutlichen Verständnisses wegen nun vorlesen.

Also höre. Büchner schreibt:

„Grade so wie mit dem Stoff ist es aber auch mit der demselben unzertrennlich verbundenen Kraft oder. was dasselbe besagen will. mit der Bewegung des Stoffes.

Bekanntlich hat die schon seit lange anerkannte und durch die Chemie auch im Einzelnem nachgewiesene Unsterblichkeit des Stoffes seit einigen Jahren oder Jahrzehnten ihr nothwendiges Correlat oder ihre nothwendige Ergänzung gefunden in der sogenannten Erhaltung oder Unsterblichkeit der Kraft, welche gegenwärtig eines der anerkanntesten Prinzipien der Naturforschung bildet, und welche jetzt wie ein belebender Odem die gesammten Naturwissenschaften durchdringt.

Durch diese Entdeckung wird denn auch der Aristotelessche Weltbeweger vollkommen unnütz, indem die Bewegung der Welt niemals einen Anfang genommen hat, sondern ebenso ewig ist. wie diese selbst. Der Stoff mit seinem nothwendigen Attribut oder der Form einerseits, die Kraft mit ihrem ebenso nothwendigen Attribut oder der Bewegung andererseits sind ewig und werden ewig sein, daher Anfang-, End- und Ursachlos".

Dieses genügt, was hältst Du davon?

Leopold. Nun, mir scheint das sehr richtig gesagt und verständig gegeben.

Emil. So? Nun, so sehen wir uns die Sache einmal näher an. Büchner hat das Wörtchen „ist" gebraucht. die Welt ist Anfang-, End- und Ursachlos.

Die Benutzung dieses „Es ist" drückt aber ein bestimmtes Wissen aus.

Nachdem wir nun aber etwas Seiendes ohne erste Ursache, also einen ursachlosen Gegenstand nicht begreifen können und dennoch über denselben Gegenstand betreffs seiner Herkunft das bestimmte Wissen ins Feld geführt wird, so haben wir es mit einem Unding zu thun.

In dem Büchnerschen Satz ist also die Verbindung des Nichtwissens und des Wissens bei ein und demselben Gegenstand vollzogen. was doch nicht richtig sein kann.

Trotzdem ist dieses Unding aber die Grundlage einer Behauptung. welche wiederum die Schaffung eines neuen Dogmas möglich machte.

Dieses Dogma lautet: „Die Welt ist Anfang-. End- und Ursachlos. der Schöpfer somit überflüssig- Die Gläubiger dieses Dogmas nennen sich Materialisten.

Herr Dr. Büchner, ein so vorsichtiger Gelehrter, reisst also auf der einen Seite ein Dogma ein, um auf der anderen Seite ein neues wieder aufzurichten, und Anhänger findet er natürlich genug, weil der Vortheil in dem Reiz des Neuen liegt.

Und weshalb kommt Dr. Büchner zu seiner Schlussfolgerung? Weil wir durch unsere Einsicht in die Unzerstörbarkeit von Stoff und Kraft etwas Vollkommenes, ewig Dauerndes gefunden haben?

Wäre uns die Materie unvollkommen vorgekommen, hätten wir dann eher ein Recht, Gott für den Urheber zu halten?

Hier hätte Herr Dr. Büchner sich doch etwas vorsichtiger ausdrücken sollen und anstatt des Wissens, wenn es nun einmal nach seinem Geschmack ist, die bescheidene Vermuthung der Wahrscheinlichkeit der Gottes-Entbehrlichkeit anführen sollen.

Gegen Büchner's Kraft und Stofflehre habe ich also nichts einzuwenden, obgleich auch das angebliche Wissen über die Beschaffenheit und das Wesen der Materie sich bei näherer Prüfung als arge Täuschung herausstellt, da dem sogenannten Stoffe, d. h. dem undurchdringlichen Atom, also einem festen Körper, die Eigenschaft der Untheilbarkeit zugemuthet wird, so dass die ganzen exakt wissenschaftlichen Schlüsse auf dem unbegreiflichen und unlogischen Fundament undurchdringlicher, aber dabei untheilbarer Körperchen beruht. Dieses also nebenbei bemerkt und die Kraft und Stofflehre unberücksichtigt gelassen, fühlen wir uns jedoch gezwungen, gegen Büchners Schlussfolgerungen, gegen seine Worte der Gewissheit und Erfahrung, um die Gottesexistenz zu verneinen, zu protestiren. Diese sind nicht berechtigt und führen nur zur Irreführung der öffentlichen Meinung.

Ist Dir dieses nun klar?

Leopold. Ja, ich bin wirklich überrascht, das war meiner Aufmerksamkeit entgangen. Aber wenn Herr Dr. Büchner sich auch unvorsichtig ausgedrückt hat, so bin ich trotzdem noch auf seiner Seite, weil meiner Ansicht nach der Begriff der Unendlichkeit der Materie den Anfang überflüssig macht und der Gedanke der Weltentwicklung aus sich selbst heraus nicht so complicirt erscheint, als die Annahme eines unbegreiflichen Gottes, der jetzt noch zu der Unbegreiflichkeit der Unendlichkeit hinzugekommen ist.

Emil. Gewiss. lieber Leopold. dieser Einwand hat seine Berechtigung und will ich mich nun bemühen. stärkere Argumente vorzubringen.

Bisher haben wir nur von der Materie. oder Kraft und Stoff gesprochen und hast Du scheinbar angenommen. dass der Geist. die Intelligenz. die wir besitzen, die Willensfreiheit. die wir wahrnehmen. eine Eigenschaft der Materie sei, welche sich aus dieser heraus entwickelt habe. der Wille also nicht wie die Kraft als Correlat des Stoffes. dem Aetheratom ebenfalls schon ursächlich als unzertrennliches Correlat anhafte.

Diese Annahme mag dadurch entstanden sein. dass die Männer der Wissenschaft durch die grossartigen Erfolge und Fortschritte der letzten Jahrzehnte in ihrer freudigen Aufregung und ihrem Eifer die Philosophie möglichst unbeachtet gelassen haben. da viele von ihnen der Meinung waren und noch sind, dasjenige mit der Loupe zu finden, was die Philosophie bisher vergebens gesucht hatte, nämlich die Erkenntniss des Ursprunges und Zweckes aller Dinge.

Wenn man nun auch weiss. dass der Begriff Natur und Naturgesetz durch immerwährende Erkenntnisserweiterung einer fortwährenden Veränderung unterworfen war, so glaubt man doch heutzutage den Umfang des Begriffes Natur als Kraft und Stoff zu kennen. so dass alle zukünftigen Entdeckungen in diesen Rahmen (Kraft und Stoff) hinein passen müssten.

Wenn man aber bedenkt. dass dasjenige, was wir Natur oder Naturgesetz nennen, nur sofern einen Werth für uns hat. als es unserem Erkennungsvermögen angepasst ist, unser Erkennungsvermögen aber von unseren ziemlich groben Sinnesorganen abhängig ist. so erscheint es immerhin möglich, dass durch zukünftige Entdeckungen nicht allein der Inhalt des Rahmens der Naturerkenntniss näher ergründet wird. sondern der Rahmen der Naturerkenntniss selbst eine Erweiterung erfahren und somit eine bedeutendere Aenderung unserer Ansichten. als man heutzutage für möglich hält. eintreten kann.

Leopold. Du glaubst doch nicht etwa. dass wir noch Geister entdecken könnten?

Emil. Diese Frage. Leopold. kommt hier nicht in Betracht. obgleich ich nicht einsehe, warum die Natur. die in

Raupe und Schmetterling ein und dasselbe Individuum in verschiedener Gestalt erscheinen lässt. dieses nicht auch beim Menschen hervorbringen sollte.

Ist das Erstere ohne Gott möglich, warum nicht auch das Letztere?

Eine solche Entdeckung wäre daher nur von naturwissenschaftlichem Interesse und hätte zu dem Beweise einer Gottes-Existenz nichts beigetragen.

In ganz jüngster Zeit sind indessen Entdeckungen gemacht. die so merkwürdiger Natur sind. dass meiner Ansicht nach in einigen Jahren der Rahmen der Naturerkenntniss selbst eine Erweiterung erfahren wird. und bin ich nun in der glücklichen Lage. zur Unterstützung meiner Ansichten an der Hand wissenschaftlicher Untersuchungen auf diese neuen Thatsachen hinzuweisen.

Es wird Dir bekannt sein, dass seit ungefähr acht Jahren der Hypnotismus wissenschaftlich anerkannt ist und durch das Experiment auf diesem Gebiete konstatirt worden ist. dass der stärkere Wille einen schwächeren Willen in vorher nicht geahnter Weise zu beherrschen und zu beeinflussen in der Lage sei.

Ein hypnotisirter Mensch kann gezwungen werden. nach Tagen. Wochen, ja Monaten zu einer bestimmten Stunde in den Zustand der Willenslosigkeit. der Unzurechnungsfähigkeit zurück zu fallen und in diesem Zustande gezwungen sein. ein Verbrechen, einen Mord. Diebstahl oder eine falsche Eidesleistung zu begehen, ohne in der Lage zu sein. später angeben zu können. wie er dazu gekommen sei.

Ebenso kann man bei solchen Personen die einzelnen Sinnesfunktionen aufheben, also z. B. veranlassen, dass der Betreffende gewisse Personen der anwesenden Gesellschaft nicht mehr bemerkt, diese also für ihn unsichtbar werden.

Eine geradezu unglaubliche Bereicherung haben die Versuche aber in den letzten Jahren dadurch erfahren. dass der blosse Wille bei einer willensschwachen Person in deren Organismus physische Veränderungen vorzunehmen vermag.

Hierüber nun muss ich Dir einige Berichte aus Schriften. die ich bei mir habe. vorlesen.

In den
Klinischen Zeit- und Streitfragen,
herausgegeben von Prof. Dr. Joh. Schnitzler. Wien. 1. Band.
2. Heft. 1887. finden wir in einem Artikel über den Hypnotismus von Prof. Dr. Heinrich Obersteiner in Wien auf Seite 63 und 64 folgende Aufzeichnungen:

Auch die Funktionen des organischen Lebens, die doch fast vollständig der Beeinflussung durch unseren Willen entzogen sind, scheinen den Suggestionen zugänglich gemacht werden zu können.

Beaunis konnte durch Suggestion eine Verlangsamung oder Beschleunigung der Herzaktion erzielen; ferner kam er zur umschriebene Röthung einer Hautstelle, wenn er z. B. sagte: Nach dem Erwachen werden Sie an dem Punkte, den ich jetzt berühre, einen rothen Fleck haben. Auch vollständige Vesikatorblasen können entstehen, wenn ein gewöhnliches Stück Papier unter der Bezeichnung eines Zugpflasters aufgelegt wird.

Bourru und Burot und Mabille haben einen hystero-epileptischen Marinesoldaten zunächst dahin gebracht, dass zu einer bestimmten Zeit bei ihm Nasenbluten eintrat. Später zeichneten sie an seinem Vorderarme die Buchstaben VIVE und sagten: Heute Nachmittags 4 Uhr wirst Du einschlafen. Du wirst dann an den bezeichneten Linien bluten, so dass Dein Name mit blutigen Lettern am Arme erscheinen wird. Zur angegebenen Zeit schlief er ein, die vorgeschriebenen Buchstaben traten anfangs roth und erhaben auf und schliesslich kamen an verschiedenen Stellen kleine Bluttröpfchen zum Vorschein.

Derartige Fälle erinnern doch ohne Weiteres an die berühmten stigmatisirten Jungfrauen, wie z. B. die Louise Lateau. Aehnliche Versuche hat Jendrassik mit Erfolg an einer Hysterischen ausgeführt, er berührte mit kalten Gegenständen, die als heiss suggerirt wurden, die Haut und nach 5—6 Stunden traten an den berührten Punkten grosse Brandblasen auf. Seite 73 wird berichtet:

Mit den hysterischen Zuständen nahe verwandt, dürften auch jene Fälle von Amenorrhoe sein, welche durch Suggestion zur Heilung gebracht wurden (Braid. Voisin*), Letzterer erzählt z. B. von einem 18jährigen Mädchen, welchem seit ungefähr einem halben Jahre die Regeln ausgeblieben waren. Er suggerirte ihr in der Hypnose, dass sich die Menstruation am nächsten Morgen um 8 Uhr einstellen werde, was auch pünktlich eintraf.

Ramay**) heilte eine seit fünf Jahren andauernde spatische Verengerung der Harnröhre auf diese Weise. Er suggerirte dem jungen Manne, dass er am nächsten Tage während der Visite im Stande sein werde, ohne Schmerzen und im kräftigen Strahle zu uriniren, die Heilung werde anhalten. Der Erfolg blieb nicht aus.

In den hysterischen und den verwandten Zuständen kann auch die hartnäckigste Stuhlverstopfung behoben werden, sei es durch einfache Suggestion, oder aber durch irgend ein vermeintliches Drastikum, wenn es auch nur Wasser ist.

Bei dieser Gelegenheit möchte ich noch bemerken, dass bei Hysterischen die kurative Wirkung der Suggestionen sehr häufig durch die Darreichung irgend eines indifferenten Mittels sehr befördert wird.

Voisin (Revue de l'hypnotisme) hat auch bei der Morphium-Entwöhnung seine Zuflucht genommen, er suggerirt den Kranken, dass sie fortan kein Bedürfniss mehr nach Morphium empfinden würden. Wie es aber dabei mit den heftigen Abstinenzerscheinungen steht, kann aus der kurzen Mittheilung über diesen Gegenstand nicht entnommen werden.

Ferner lesen wir in

Hypnotismus in der Geburtshilfe, von Joh. G. Sallis,

Vorstand des Ambulatoriums für Mechano- und Elektrotherapie. Baden-Baden, in diesem Jahre (1888) erschienen. Seite 7:

Ich habe an einer andern Stelle den allgemein verbreiteten Irrthum, die Franzosen hätten sich bei ihren Versuchen nur auf Hystero-Epileptiker beschränkt, ziffernmässig zu widerlegen versucht und den Nachweis geführt, dass zum mindesten 80 Prozent der Menschen hypnotisirbar sind. Ich

---

*) Revue de l'hypnotisme, I. pg. 221.
**) Soc. de Biologie, 1886.

habe ferner auf Grund siebenjähriger Versuche meine Meinung dahin ausgesprochen. dass jeder Mensch in leichtere oder tiefere Grade der Hypnose zu versetzen ist. sobald man nur die individuell geeignete Methode zur Anwendung bringt, und ich habe die bewährtesten eingehend beschrieben. *)

Ferner auf Seite 8:

So beschreibt Beaunis einen Fall suggestiver Beeinflussung, den ich seiner Ausserordentlichkeit wegen auszüglich wiedergebe.

In Gemeinschaft mit Liébeault und Bernheim wurde durch den Apotheker Forcachon aus Charmes a. d. Mosel im December 1884 mit der sehr sensitiven hypnotischen Elise F. folgender Versuch angestellt. Der in Hypnose versetzten Person wurde Nachmittags 3 Uhr an einer zwischen den Schultern belegenen und von den eigenen Händen nicht zu erreichenden Stelle ein einfaches Lintläppchen aufgelegt und dieses mittelst Verbandes festgehalten. Hierauf suggerirte man der Person. dass an der Stelle. an welcher man das Läppchen festgebunden, eine Blase entstehen solle.

Liébeault und Forcachon beobachteten unausgesetzt bis 9 $^1/_2$ Uhr Abends ihre Versuchsperson und als sie um diese Zeit in Gegenwart Bernheim's und Dumont's den Verband entfernten. zeigte sich da. wo das Lintläppchen gelegen, ein stark geröthetes, einem Brandfleck ähnliches Mal. und die jetzt dehypnotisirte Person gab an. einen starken, wie von einer Verbrennung herrührenden Schmerz zu fühlen.

Wenige Tage darauf zeigte laut Attest des Dr. Chevreuse zu Charmes sich an der beregten Stelle eine lebhafte Entzündung und am 3. December fand man eine vollkommen entwickelte Brandblase von 5 cm Länge und 25 mm Breite. welche eine wasserhelle Flüssigkeit absonderte. Im Mai 1885 wurde unter strengster Controlle von Bernheim. Liébeault, Beaunis, Hiégois und Simon eine Wiederholung des Versuches angestellt. der ein noch besseres Resultat als der erste ergab.

---

*) Sallis, Ueber hypnotische Suggestionen, deren Wesen, klinische und strafrechtliche Bedeutung. Berlin und Neuwied 1887.

Ferner bringen die
Psychischen Studien,
Leipzig.*) in ihrem Januar- und Februar-Hefte 1888 einen
Artikel von Dr. Carl du Prel. München:

„Wohin führt der Hypnotismus?" in welchem auf Seite 12
geschrieben:

In neuerer Zeit sind solche blutunterlaufene Buchstaben
auf der Haut besonders bei dem Medium Foster beobachtet
worden. Mr. Edward Blanchard, der von der dialektischen
Gesellschaft in London als Zeuge darüber vernommen wurde,
sagt aus, dass der Name seines Vaters William Blanchard
auf dem Arm des Mediums erschien, und unmittelbar darauf
auf der Handfläche desselben die Nummer 27 als ganz richtige
Antwort auf die Frage, wie viele Jahre seit dem Tode des
Vaters verstrichen seien. Das geschah Alles sehr rasch.

Das Medium kannte den Zeugen gar nicht, und die Buchstaben verschwanden wieder vor den Augen der Anwesenden,
ohne dass ihnen der Arm des Mediums entzogen worden war.**)

Ein anderer Berichterstatter, Mr. J. M. Roberts, nahm
mit demselben Medium ein Experiment vor: Roberts schrieb
die Namen von acht Personen auf Papierzettel, wobei er die
Schrift sorgfältig vor den Augen des Mediums verbarg, faltete
sie zusammen und vermengte sie auf dem Tische, so dass er
selber nicht mehr wusste, welcher Name in jedem Zettel stand.
Das Medium nahm die Zettel nach einander auf, legte sie an
die Stirne und es erfolgten bei einigen derselben entsprechende
Mittheilungen.

Beim letzten Zettel sagte das Medium: Der Anfangs-
buchstabe dieses Namens wird auf meinem Arm erscheinen.
Es entblösste darauf den Arm und sofort wurden die Buchstaben M. R. M. deutlich lesbar. Roberts verlangte darauf
den Anfangsbuchstaben eines Freundes, dessen Namen er nur
dachte, welchen er weder aussprach, noch aufschrieb und sogleich erschienen deutlich markirt die Buchstaben B. C. auf
dem Rücken der Hand.

Auch der Bericht eines skeptischen Physiologen, Professors

---

*) Bei Oswald Mutze, Leipzig.

**) Bericht der dialektischen Gesellschaft, II. 61.

Carpenter. liegt über dieses Medium vor. — Wir wurden bei ihm nicht namentlich eingeführt und wir glauben nicht. dass er hätte Gelegenheit haben können. unsere Personen zu kennen. Dessenungeachtet beantwortete er nicht nur auf mannigfaltige Art die Fragen. die er in Betreff der Zeit und der Todesursache mehrerer unserer dahingeschiedenen Freunde und Verwandten stellte. deren Namen wir auf Papierstreifen niedergeschrieben hatten, die zusammengefaltet und in Knäulchen geballt wurden, ehe wir sie in seine Hände legten; sondern er brachte die Namen und die Daten richtig in rothen Buchstaben auf seinem Arm hervor. dessen Röthe erzeugt wurde durch Anschwellung der kleinen Hautgefässe. und nach einigen Minuten gleich einem Erröthen verschwand*).

Auch der ehemalige amerikanische Gesandte in Neapel, Robert Dale Owen. liefert einen ähnlichen Bericht.

Ferner lesen wir auf Seite 15:

Nehmen wir ein anderes Medium. Der amerikanische Richter John Worth Edmonds berichtet. — Das Medium wünschte — in Anwesenheit von 9 Personen. — dass alle Anwesenden seine Arme untersuchen möchten, und Alle sagten aus. dass sie frei von irgend einer Art ungewöhnlicher Zeichen seien.

Wenige Minuten darauf war der Dame (des Mediums) Arm so kalt. als wenn er todt wäre. und der Name meiner ersten Frau kam in erhabenen Buchstaben zum Vorschein von ungefähr ⅛ Zoll Breite und Höhe. Alle sahen dieses deutlich bei dem Lichte zweier starker Lichtflammen.

Dann verschwand die Schrift wieder. Auf Verlangen kamen nun die Buchstaben A. M. wieder zurück auf den Arm; aber in wenigen Augenblicken verschwanden sie auch wieder. Der erschienene Name war A. Millington. — 11 Buchstaben ausmachend. A. für Allmirah (Aus Edmonds. Der amerikanische Spiritualismus 156).

Dr. Gardener frug ein Medium. Fräulein Coggswell von Bermont, wie sein Bruder gestorben sei. Darauf erschien auf ihrem Arm ein Herz und eine Pistole. Der Bruder dieses Fräuleins hatte sich mit einer Pistole erschossen. Auf dem

---

*) Quanterley-Review. Oktober 1871.

Arm dieses Fräuleins erschienen zuweilen die Namen von Verstorbenen, die man ihr in verschlossenen Billets gegeben, wie tätowirt und verschwanden in der Regel wenn das Medium vom Tische aufstand; vorher liess sich die Schrift auch durch Reiben nicht wegbringen.

In dem 2. Heft der Psychischen Studien,

Seite 59, ist noch Folgendes bemerkenswerth:

Verbleiben wir übrigens beim Hypnotismus. Die neueren Experimente der französischen Aerzte bringen jedenfalls unsere stigmatisirten Jungfrauen wieder zu Ehren, die Professor Virchow bereits begraben hatte.

Auch das Versehen der Schwangeren erklärt sich nun. Wenn die menschliche Seele durch Vermittlung der vasomotorischen Nerven Namenszüge auf dem Arm erzeugen kann, so ist nicht einzusehen, warum sie nicht auch andere Vorstellungen ihrer Phantasie, wenn sie von derselben lebhaft erregt und tief aufgewühlt wurde, in ekstatischen Zuständen — in welchen überhaupt die transcendentalen Kräfte des Menschen zur Erscheinung kommen — nach aussen projiciren, zunächst am eigenen Körper organisch darstellen sollte.

Die sympathetische Versenkung in die Leiden Christi bei tief religiösen Personen prägt in dieser Weise die Vorstellungen der religiösen Phantasie leiblich aus; die Geisselung, die Dornenkrone, die Wundmale an Händen und Füssen.

Die Nonne Katharina Emmerich hatte ein Kreuz auf dem Brustbein und ein zweites etwas tiefer. (Siehe Schmöger, Leben der Katharina Emmerich, I. 237)

Der Irrthum der Theologen bestände also in diesen Fällen nur darin, dass sie die hypnotische Erklärungs-Hypothese zu Gunsten einer mystischen übersehen.

Es scheint, dass schon lebhafte Träume unter Umständen derartige Erscheinungen hervorrufen können. Bei Just. Kerner wird berichtet, dass eine somnambulen Zuständen unterworfene Frau einen lebhaften Traum hatte, worin ihr eine rothe und eine weisse Rose geboten wurden, zwischen welchen sie wählen sollte.

Sie wählte die Rothe.

Beim Erwachen fühlte sie heftiges Brennen am Arm, und es bildete sich dort nach Zeichnung, Schattirung und Farbe eine rothe Rose, etwas erhaben, wie ein Muttermal.

Am achten Tage war sie völlig ausgebildet, wurde dann blasser und verschwand nach zwei Wochen *).

Zum Schluss citire ich nun noch einen Bericht, welcher für uns schwerwiegender ist als alle übrigen, da derselbe aus allerneuester Zeit herrührt und noch dazu aus einer deutschen Universität.

Der experimentirende Herr Professor hat also bereits vorher die Thatsachen auf dem Gebiete des Hypnotismus gekannt und wird sich gewiss der Folgen. die aus der Constatirung der Thatsachen entspringen müssen, bewusst gewesen sein.

Den Bericht finden wir in der Broschüre

„Eine experimentelle Studie auf dem Gebiete des Hypnotismus"

von Krafft-Ebing, Professor an der Universität in Graz (Seite 59—60).

Daselbst lesen wir:

„24. Februar 1888. — In Gegenwart von Prof. Lipp bekommt Patientin heute in II., — d. h. im zweiten Stadium der Hypnose — einen aus Zinkblech geschnittenen Metallbuchstaben R nach innen vom linken Schulterblatt auf die Haut gedrückt, und wird ihr befohlen. dass morgen Nachmittag genau im Umfange der Platte eine blutrothe Hautfläche zu finden sein muss. Zugleich wird. um Reizeffekt zu vermeiden, suggerirt, an dieser Stelle dürfe kein Jucken entstehen.

Darauf wird Thorax und Rücken von Professor Lipp mittelst Gazebinde und Wolle so gedeckt. dass die Suggestionsstelle absolut unzugänglich ist. der Verband viermal versiegelt. ein Deckverband gemacht. dieser noch zweimal versiegelt und das benutzte Siegel von Professor Lipp mitgenommen. Patientin weiss offenbar nichts von den Vorgängen der Hypnose. nachdem sie in I. versetzt ist."

„25. Februar. Nachmittags. — Versetzung in II. Prof. Lipp nebst zahlreichen Aerzten untersuchen den Verband. finden ihn. sowie die Siegel. unverletzt

---

*) Kerner. Blätter aus Prevorst, IX. 228.

An der suggerirten Stelle eine 5,5 cm lange, 4 cm breite, unregelmässig gestaltete Platte, an welcher die Formschicht der Haut losgelöst und noch durch am Rande der blossgelegten Fläche hängende Fetzen erkennbar ist. An den Rändern ist diese Platte feucht, während der mittlere Theil noch von dem Rest der Hornschicht bedacht ist, die sich sehr trocken anfühlt und gelblich aussieht. Die unmittelbare Nachbarschaft der Platte ist geröthet.

Von dem rechten Rand derselben geht ein 4 cm langer, 2 cm breiter Schenkel schief nach rechts unten, ein 3 cm langer nach rechts oben.

Auch auf diesem Schenkel ist die Oberhaut gelockert, leicht abziehbar und nässt die unterliegende Hautschicht.

Die Umgebung der Schenkel ist geröthet, jedoch ohne alle Spur von Entzündung."

26. Februar. — Die Platte von gestern stellt eine pergamentartige, trockene Fläche dar. Die beiden Schenkel sind epidermislos und hyperämisch.

29. Februar. Die Platte ist wie Pergament. Der obere Schenkel blasst ab, am unteren Schenkel Schorf- und spurweise Eiterbildung.

2. März. Die pergamentartige Platte und der rechte untere Schenkel stossen sich ab. An den Abstossungsstellen Hyperämie und reiche Epidermisbildung."

Auch in ganz letzter Zeit berichtet Professor Nussbaum aus München, dass er einem hypnotischen 9jährigen Knaben ein Stückchen Seidenpapier auf den Arm gelegt habe, mit dem Befehl, die Stelle solle sich röthen, es habe sich dann auch die Farbe der Haut in genauem Umriss des Papiers hochroth gefärbt. (Bericht in Schorers Familienblatt aus der No. vom 9. Februar 1889).

Ich schliesse nun meine Zitate über die Berichte der an das Wunder grenzenden hypnotischen Erscheinungen und Wirkungen und bemerke nur noch, dass in letzter Zeit Berichte hierüber aus ärztlichen Kreisen wie z. B. in Budapest, Graz und Wien immer häufiger werden, und dadurch konstatirt ist, dass nicht mehr wie früher nur spiritistische Blätter das Wunder verkünden, sondern nun auch Männer, die nicht in dem Verdacht der Leichtgläubigkeit stehen, für die Richtigkeit der Thatsachen einstehen und somit die Schlüsse. welche man aus diesen Thatsachen ziehen kann und muss. bereits auf einem gesicherten Fundament beruhen.

Nachdem nun also von so vielen Seiten über das Vorkommen dieser Erscheinungen berichtet wird, kann man wohl annehmen, dass nicht Alles auf Schwindel beruht, sondern in einigen Jahren die Wissenschaft mit diesen Thatsachen zu rechnen haben wird.

Leopold. Nun. und wenn dem so wäre. was hätte dann der Gottesbegriff damit zu thun?

Emil. Das wirst Du gleich hören.

Wenn dem so wäre, müssten wir den Rahmen unserer Naturerkenntniss bedeutend erweitern, da Kraft und Stoff nun nicht mehr genügen würden. alle Thatsachen zu erklären.

Ich will nicht erst untersuchen. ob die Kraft- und Stofflehre genügen kann, um bis zu dem Grade der Gewissheit als die Ursache der Empfindung und des geistigen Lebens angesehen werden zu können, und beschränke mich nur auf den Ausspruch E. du Bois-Reymond's, dass es uns nie gelingen werde. die Herkunft der Empfindung aus dem Empfindungslosen nachzuweisen, da nicht einzusehen ist, wie es kommen könne, dass es plötzlich einem Klümpchen Materie nicht mehr gleichgiltig sei. wie ein anderes neben ihm befindliches Klümpchen Materie sich zu ihm verhalte.

Aber angenommen, dieses sei erklärlich und wir hätten von der Entstehung der Empfindung bis zu unserem Geistesleben eine denkbare Kette von Verbindungen erhalten. so bestände diese Kette jedoch lediglich aus der Annahme des von Darwin veranschaulichten Kampfes ums Dasein und der Anpassung der Lebensweise an die vorgefundenen Lebensbedingungen.

Alle bisher bemerkten Geistesgaben und Anlagen mögen also ihre Ursprungserklärung in den durch Darwin aufgestellten Nachweisen finden.

Nun treten aber plötzlich Geistesgaben. Willenswirkungen an unsere Beobachtung heran, die durch keinerlei im Kampfe ums Dasein bedingte Nothwendigkeit zur Ausbildung gelangten.

Dass diese Eigenschaften auch früher im Menschen waren, erzählen uns Hunderte von Beispielen aus der Geschichte: die betreffenden Persönlichkeiten sah man je nach ihrem Stande für Heilige oder Hexen an, und da Tausende mit diesen Eigenschaften begabter Menschen im Mittelalter verbrannt wurden, darf man sich nicht wundern, dass das häufigere Hervortreten dieser Eigenschaften erst jetzt wieder möglich wird.

Wir haben es hier also mit einem Etwas zu thun, welches, künstlerisch schaffend, die vorhandene Materie in eine bestimmte Form zu bringen im Stande ist, ohne dass die Nothwendigkeit, der Kampf ums Dasein, die Anpassung an die vorgefundenen Lebensbedingungen als Ursache dieser Eigenschaften angesehen werden darf.

Dieses Etwas nenne ich den intelligenten Willen.

Leopold. Bitte, erlaube, dass ich Dich unterbreche.

Unter den Erscheinungen, die wir durch die Kraft und Stofflehre zu erklären vermeinen, kommen auch schon unseren Organismus affizirende Willenswirkungen vor.

So vermag ich mich absichtlich aufzuregen und das Blut schneller durch die Adern zu treiben und umgekehrt vermag ich mich durch die Energie des Willens zur Ruhe zu zwingen und damit die Herzschläge zu verringern.

Sollte sich nun das Vermögen, den Organismus zu beherrschen, uns unbewusst nicht schon weiter haben ausbilden können?

Emil. Nein, lieber Freund, das ist doch höchst unwahrscheinlich, es ist gar nicht einzusehen, wie das hätte kommen können.

Dein Einwand zeigt mir aber, wie man lieber die höchste Unwahrscheinlichkeit benutzt, um das Neue nur ja in den alten Rahmen hinein zu zwängen, anstatt das Frühere dem Neuen anzupassen, falls dadurch die Erklärung der Wahrscheinlichkeit näher kommt.

Und letzteres scheint mir hier der Fall, da ohnehin der Beweis, die Empfindung und das Bewusstsein aus dem Empfindungs- und Bewusstlosen abzuleiten, noch nicht erbracht worden ist.

Den Willen für ein ursprüngliches Element zu halten, kam immer noch eine gewisse Berechtigung zu und nur diese Annahme hat durch die neuen Experimente eine kräftige Stütze bekommen, nicht aber die Lehre von Kraft und Stoff, sofern dieselbe über sie selbst hinaus Begriffe zu erklären vermeint.

Die Anhänger der Kraft und Stofflehre werden sich also wohl noch dazu bequemen müssen, Kraft und Stoff nicht allein als Herrscherin des Weltalls zu verehren, sondern gezwungen sein, noch eine dritte Herrscherin auf ihren Altar zu stellen, die vielleicht noch die Oberherrschaft bekommen wird.

Dass die Materie von der unbewussten Kraft begleitet wird, wissen wir bereits. Dass aber noch eine dritte, nämlich die bewusste Kraft, der Wille, die unbewusste Kraft beherrschen kann, wissen wir auch, verleugnen sie aber gern, weil wir sie uns bisher für unseren Gedanken nicht fasslich genug machen konnten.

Die neuen Experimente zeigen uns aber deutlicher als bisher, dass sie existirt.

Wir müssen also damit rechnen und können uns nun sehr wohl vorstellen, dass die Gesammtheit der unbewussten Kraft die Gesammtheit der Materie beherrscht, und die Gesammtheit der bewussten Kraft (der Wille) die Gesammtheit der unbewussten Kraft. Wenn wir das für richtig und möglich halten, so wäre uns auch eine Erklärung gegeben für die räthselhaften Erscheinungen, welche die Professoren Zöllner, Crookes, Wallace etc. berichten, dass nämlich Gegenstände (Tische, Stühle, Gläser, Messer etc.) ohne Berührung ihren Ort verändert hätten, und zwar am hellen, lichten Tage in ihrer Gegenwart.

Man müsste hier versuchen zu konstatiren ob der Wärmegrad der Gegenstände durch den Verbrauch von unbewusster Kraft durch die bewusste Kraft ein niedrigerer geworden sei.

Die vielen Meldungen ernster Männer über derartige Beobachtungen würden dann nicht mehr den Stempel der Lächerlichkeit bekommen, sondern als möglich und in den Rahmen der Naturerkenntniss hinein passend ihre Beachtung finden.

Meiner Ansicht nach ist also die Wirkung eines intelligenten Willens konstatirbar und die künstlerische, schöpferische Eigenschaft desselben nicht durch die Kraft und Stofflehre zu erklären.

Also wäre auch dieser Wille selbst ein Etwas. welches entweder für sich besteht. oder als Correlat noch zu den Correlaten Kraft und Stoff hinzukäme.

Wie dieser Zusammenhang ist. mag der Zukunft aufzuklären vorbehalten sein, und muss es uns vorläufig genügen. zum mindesten die Gleichberechtigung des Willens neben der Materie zur Anschauung zu bringen.

Wenn wir nun aber den intelligenten Willen. da derselbe nicht als ein Produkt der Materie auftritt, ebenso wie letztere als ewig gewesen annehmen dürfen. so kommen wir betreffs der Erklärung des Ursprunges der Welt auf eine nicht so komplizirte Erklärung, wie die Materie sie uns bietet.

Diese leichtere Erklärung lautet:

Nachdem die Materie nicht die Ursache des intelligenten Willens zu sein scheint. dieser Wille aber doch einen Ursprung haben muss. so können wir diesen Ursprung nur wiederum in einer höheren Intelligenz suchen, und da uns nun das Experiment zeigt. dass der intelligente Wille die Materie umordnend beeinflussen kann, so ist es ganz gut denkbar. wie ein unendlich vollkommener Wille mit der ihm anhaftenden, zu ihm gehörenden oder seine Wesenheit ausmachenden Materie machen kann. was er will: und dass somit das Weltall sehr wohl als das Resultat einer Willenswirkung angesehen werden kann. und wir nun, als zu dieser Willenswirkung gehörig. dieselbe als die erste Ursache unserer Erscheinungsform aufzufassen berechtigt sind.

Wenn wir also für die Unendlichkeit der Materie Unendlichkeit des Willens. oder anstatt empfindungsloser. willenloser Materie empfindungsfähige, willenbegabte Materie setzen. so haben wir zwar weiter nichts erreicht. als für die eine Unbegreiflichkeit eine andere Unbegreiflichkeit erhalten zu haben.

Nachdem uns aber die Unbegreiflichkeit der empfindungslosen Materie nichts über die Entstehung des unbestritten wahrnehmbaren Naturgesetzes sagt. uns nichts darüber sagt. weshalb Alles mit Nothwendigkeit sich so hat entwickeln müssen wie es ist. die zweite Unbegreiflichkeit aber eine Erklärung. eine Einsicht in die Möglichkeit der Entstehung des Naturgesetzes (der Schöpfung) zulässt. so verdient die letztere Ansicht den Vorzug.

Die materielle Richtung hat also zwei Unbegreiflichkeiten aufzuweisen. nämlich·

Die Unbegreiflichkeit der Ewigkeit (als bewusstlose Materie) und die Unbegreiflichkeit der Entstehung eines Naturgesetzes, denn dass etwas ewig sei. erklärt noch nicht die Ordnung, also die Entstehung der Bewegung nach einem bestimmten Gesetz. da die Kraft sehr wohl vorhanden sein kann, wenn auch eine absolute Ruhe herrscht und durch einen Anstoss erst in die Lage kommen kann ihre Wirksamkeit zu offenbaren.

Die idealistische Richtung hat dagegen nur eine Unbegreiflichkeit, nämlich die Unbegreiflichkeit der Ewigkeit (Gottes. resp. der seine Wesenheit ausmachenden willensbegabten Materie), welche. da sie mit Wahrscheinlichkeit eine Intelligenzäusserung ist. eine Erklärung der Entstehung des Naturgesetzes zulässt.

Nach Prüfung meiner Ausführungen hat man sich nun folgende vier Fragen zu beantworten.

I. Verdient der Wille neben der Materie nicht. zum mindesten die gleiche Berechtigung. als Grundlage der Weltentstehungsursache angesehen zu werden?

II. Welche Hypothese erklärt mehr Erfahrungsthatsachen. diejenige des Willens. oder diejenige der Materie?

III. Was ist wahrscheinlicher, dass aus bewusstloser Materie. oder aus willensbegabter Materie selbstbewusster Geist entspringen kann?

IV. Ist die Willens- (Intelligenz-) Grundlage complizirter als die materialistische Grundlage?

Ich bin nun mit dem, was ich über die Wahrscheinlichkeit einer Intelligenz (Gott) als Urheber des Weltalls sagen wollte, zu Ende und füge nur noch ausdrücklich hinzu. dass es eigentlich gar nicht nothwendig war. eine solche Beweisführung zu versuchen; denn was wir durch Vernunftgründe über den Gottesbegriff. namentlich durch Kant's Untersuchungen, einzusehen vermögen, ist genügend. um der materialistischen Ansicht vollkommen gleichberechtigt, wenn nicht überwiegend. gegenüber gestellt werden zu können.

Sollte daher mein Hinweis auf die neuen Erscheinungen auf dem Gebiete des Willenseinflusses als eine Stütze der Intelligenzgrundlage angenommen werden, so wäre damit zugestanden, dass die Wahrscheinlichkeit der Gottesexistenz grösser ist, als die Unwahrscheinlichkeit seiner Existenz.

Die Annahme der Hypothese einer ewigen Intelligenz lässt uns zu allen geistigen Beziehungen und Erscheinungen eine Erklärung finden, die Annahme der Hypothese einer ewigen bewusstlosen Materie giebt uns diesen Vortheil nicht.

Sollte man da nicht so lange, bis die materielle Hypothese zum mindesten ebenfalls eine genügende Erklärung der vielen Erfahrungsthatsachen zu geben im Stande ist, die Gotteshypothese acceptiren?

Herr Professor Schlesinger in Wien, dessen Werk ich am Schlusse eingehend besprochen habe, hat bereits den Versuch unternommen, die unlogische Grundlage der Untheilbarkeit fester Atomkörperchen durch Auflösung der undurchdringlichen Atomkörperchen in einander vollkommen durchdringliche Atomkörperchen umzustossen, und damit unserer Einsicht ein Bild der Möglichkeit gegeben, wie aus immateriell Durchdringlichen Undurchdringliches, d. h. Materie entstehen kann.

Die Grundlage dieser Atomvorstellung ist dann aber nicht mehr Kraft und Stoff, sondern Kraft und Raum (als durchdringliche volumenhafte Körperchen gedacht), wodurch dann die Annahme der Intelligenzwirkung als Schöpfungsakt, d. h. als Formenwechsel (wie beim Hypnotismus im Kleinen), worunter unser Naturgesetz zu verstehen ist, der Wahrscheinlichkeit näher gerückt wird; wodurch wiederum die Gefahr vermieden ist, dass ein Fehlschluss der Naturforscher, von dem Gebiete der exakten Forschung auf das Gebiet der Philosophie übergreifend, die einzige Ader, welche die sittliche Hebung des Volkes bewirkt, unterbindet.

Ein Glaube an Gott und eine Berufung auf ihn ohne eine Wahrscheinlichkeitsbeweisführung kann man mit Fug und Recht, aus der Denkfaulheit entsprungen, blos stellen: dagegen ein Glaube an Gott durch Nachdenken erkämpft, durch sorgsame Abwägung des Für und des Wider als das Wahrscheinlichste erkannt, trägt viel zum Zufriedenheitsgefühl des Individuums bei und wappnet einen gegen alle Verfechter anderer Meinungen, bis (was mir nicht wahrscheinlich erscheint) wirklich grössere Beweise für das ideallose Dasein erbracht werden. Und ideallos wäre unser Dasein dann in der That.

Ein Jeder von uns wäre dann weiter Nichts als ein Baustein im grossen Gebäude des Menschengeschlechts, oder ein Theilchen des grossen Menschenbaumes, wobei jedes Theilchen Empfindung und Urtheilskraft besässe.

Unser Dulden und Leiden hätte dann keinen höheren Zweck, als dahin zu streben, in der Krone des Baumes schöne Blüthen zu kurzem Dasein hervorzurufen. Wir wären die Theile der Wurzeln und des Stammes, welche durch gesammelte Erfahrung und Weiterbildung die Entfaltung der Blüthen möglich machen müssten.

Die Blüthen würden durch die Empfänglichkeit für das Sonnenlicht schöne Farben zeigen und endlich mit dem ganzen Baum der Zerstörung anheim fallen.

Oder anders gesagt, würden die Leiden, schlechte Erfahrungen, erlittene Ungerechtigkeiten uns und unsere Nachkommen anspornen, die sociale Lage der Gesellschaft so zu gestalten, dass das spätere menschliche Geschlecht, von socialen Sorgen und Krankheiten möglichst befreit, die Gaben der Natur geniessen könne.

Dass dieser Gedanke uns erheben und zur Bewunderung hinreissen könne und solle, ist schon häufig genug von Gelehrten der materialistischen Richtung verlangt worden, doch kann man als sicher annehmen, dass diese Herren bereits den Zustand, den sie für die übrige Menschheit herbeiführen wollen, selbst schon erreicht haben und daher gar nicht in die Lage kommen, von der Natur mehr zu verlangen.

Der weitaus grösste Theil der Menschheit hat es dagegen so schlecht, (es braucht nicht Jedermann permanent in der Lage zu sein, ein einziger Fall, z. B. der Tod eines Kindes etc. kann schon genügen, einem die ganze Lebensfreude zu nehmen) dass es für sie besser gewesen wäre, garnicht auf die Welt gekommen zu sein, falls das Erdenleben keine Lehrzeit sein sollte.

Es giebt so viele arme Leute, namentlich Frauen, die in der jetzigen Zeit des socialen Ueberganges lieber ein warmes

Mittagessen annehmen würden. als die Einsicht in die Gewissheit, dass es den Menschen nach 1000 Jahren besser gehen würde. als ihnen.

Die Menschen sind eben keine Bausteine und können daher den Gedanken an eine absolute Gerechtigkeit nicht entbehren, und sollte dieser Grund allein genügen. die Gottes-Existenz auch dann noch anzunehmen. wenn die Wahrscheinlichkeit nicht grösser sein sollte als die Unwahrscheinlichkeit.

Schlussbemerkungen.

Das Resultat vorstehender Abhandlung ist nun kurz gefasst folgendes:

Wir erkennen. dass die Wahrscheinlichkeit der Existenz Gottes als Urheber des Weltalls grösser ist. als die Unwahrscheinlichkeit seiner Existenz. und zwar desshalb. weil wir Willenswirkungen beobachten. welche nicht in den Rahmen der Kraft- und Stofflehre hineinpassen: diese Willenswirkungen aber, nachdem sie ihren Ursprung nicht der Entwicklung der Materie zu verdanken scheinen. dennoch aber einen Ursprung haben müssen. uns berechtigen. einen höheren Willen als primäre Ursache anzunehmen.

Sind wir aber berechtigt, eine Intelligenz als die Ursache unserer Weltordnung, unseres Naturgesetzes anzunehmen. so führt uns die Annahme seiner Vollkommenheit und unendlichen Einsicht. worauf wir aus dem Studium seines Werkes schliessen können, zu der Erkenntniss. dass sein Werk, die Schöpfung, ein vollkommenes, keiner Nachhülfe bedürftiges Werk sein muss, und wir nun (uns völlig selbst überlassen). durch die von Gott erhaltene absolute Freiheit des Willens dahin gelangen müssen, durch eigene Kraft und Anstrengung schliesslich die Glückseligkeit zu erreichen.

Während also die bisherige Religionsform das Charakteristische des Wunders und das Verlangen des blinden Gehorsams (Glauben) zeigt, hat die Religionsform der Zukunft das Charakteristische des absolut freien Willens.

Die letztere Religions-Anschauung wird sich daher bei fortschreitender Naturerkenntniss immer den neuen Erfahrungen anpassen, somit die Fähigkeit des Wachsthums haben und behalten. und nicht. wie es bisher der Fall war, verlangen. dass die Natur-Erkenntniss sich der bestehenden Religionsform unterordne. denn Gott erkennen wir aus seinen Werken und nicht daraus. was die Phantasie einzelner Leute uns als Offenbarung zu geben. für gut befunden hat.

Nachdem nun aber nicht allein religiöse Unduldung manche Menschen zur Aufgabe und zur Fortweisung ihrer Glaubensform veranlasst hat. sondern dieses auch durch gewisse Schriften der modernen Naturforschung verursacht ist. will ich noch kurz zeigen. auf welche Weise man am sichersten die richtige Mitte zu erkennen vermag.

Man erreicht dieses dadurch. dass man sich bemüht. darauf zu achten, die Gegenstände der exakten von den Gegenständen der philosophischen Wissenschaft auseinander zu halten und nicht etwa zu verwechseln.

Beobachtet man dieses nicht, so hält man nicht die nothwendige Mitte ein. und indem man dem einen Ende näher sitzt als dem anderen Ende. verliert man den Ueberblick über das ganze Terrain und glaubt nun. die Linie höre dort auf. wo der entferntere Theil unseren Blicken nicht mehr erreichbar ist.

Dieses Gleichniss zeigt also drei Parteien von Beobachtern. welche alle nach dem Himmel schauen und wobei eine jede Gruppe der Meinung ist. den günstigsten Beobachtungspunkt eingenommen zu haben.

Die Werkzeuge dieser drei Parteien bestehen nun aus verschiedenem Material. indem diejenige Partei der einen Seite. welche die Religions-Dogmatiker umfasst. die Träume früherer Gemüthsmenschen als ihre Werkzeuge benutzen. und behaupten. das sei den Menschen von Gott verkündigt.

Ein Streit mit ihnen hat wenig Nutzen. und werden sie durch die Entdeckungen im Reiche der Natur fortwährend auf das Unzuverlässige der Entdeckungen im Reiche der Träume aufmerksam gemacht.

Die Werkzeuge der entgegengesetzten Seite sind, Secirmesser. Loupe. Mass und Wägapparat, also Gegenstände der exakten Wissenschaft. Würden diese Leute nun dasjenige, was sie wirklich mit ihren Apparaten gefunden haben, und jederzeit nachweisen können. berichten, so wäre das Resultat gesichert und unangreifbar.

Nachdem sie aber mit Werkzeugen der exakten Wissenschaft Gegenstände der philosophischen Wissenschaft untersucht haben und nun sich selbst täuschend vorgeben. das innere Sein und Wesen des untersuchten Gegenstandes gefunden zu haben. so dass sie dasjenige. wonach die Philosophie bis jetzt vergebens gesucht hat. gefunden zu haben vermeinen, und darauf ihre bestimmte Aussage. „es ist kein Gott. es giebt keinen Weltzweck", begründen. haben sie ein neues Dogma gegründet. welches den modernen Unglauben gezeitigt hat, welch' letzteren aber wirklich zu begründen. Niemand in der Lage ist.

Die Partei der materalistischen Richtung ist also mit ihren Untersuchungen betreffs der höchsten philosophischen Fragen — fertig, und somit in der angenehmen Lage, die ferneren Untersuchungen über diesen Gegenstand mit Selbstbewusstsein zurück zu weisen.

Die dritte Partei. welche ihren Standpunkt in der Mitte hat. nenne ich die Partei der philosophischen Naturforscher.

Ihr Standpunkt bietet ihnen den Vortheil. dass sie, nachdem sie in der Philosophie bewandert. nicht in die Gefahr kommen, die Werkzeuge der exakten mit denjenigen der philosophischen Wissenschaft zu verwechseln.

Sie begrüssen jede. von der exakten Wissenschaft gemachte Entdeckung mit lebhafter Freude und haben durchaus kein Bedenken. dass irgend welche Entdeckungen ihnen unangenehm sein könnten. da sie sehr wohl wissen. dass ihre Untersuchungen über den Gottesbegriff und den Weltzweck durch die Kraft- und Stofflehre. sowie durch den Darwinismus nicht im geringsten berührt werden. da diese Errungenschaften sehr wohl mit ihrem Wahrscheinlichkeitsbeweis der Existenz Gottes harmoniren und nur die Cleriker einen Stillstand der Entdeckungen der exakten Wissenschaft herbeiführen möchten.

Sie können also aus rein geistigen Beweggründen nach der Wahrscheinlichkeit der Weltentstehung und dem Zweck des Daseins suchen. ohne Gefahr zu laufen, der Forschung ein „Halt!" zu gebieten; und sind die philosophischen Naturforscher somit gezwungen, zu bekennen. dass sie nicht wie die materialistischen Naturforscher nach einer Seite ein „Fertig" rufen können. sondern eingestehen müssen. dass sie noch nicht fertig sind. dafür aber auch dem Unglauben, die Wahrscheinlichkeit der Gottes-Existenz entgegen setzen und somit dasjenige retten, was für die grosse Menge aller Menschen ein Bedürfniss ihres Gemüthes ist.

Wer nun glauben sollte, dass sich die exakte Wissenschaft und die philosophische Wissenschaft nicht trennen lassen; wer der Meinung ist, dass unsere Begriffe

„ewig und unendlich"

Werkzeuge der exakten Wissenschaft sind. dem ist es allerdings nicht möglich, die, einen grösseren Ueberblick gewährende Mitte zu erreichen.

Und weil die Dogmatiker auf beiden Seiten meines Gleichnisses nicht den Ueberblick erhalten, den die Beobachter von der Mitte aus geniessen, so ist es auch erklärlich, warum die Religions-Dogmatiker sich gegen die Anerkennung der Entdeckung. dass die Erde rund sei, so sehr gesträubt haben. und ist es ferner erklärlich. warum die meisten materialistischen Dogmatiker sich nicht etwa gegen die Anerkennung, sondern schon gegen die vorher nothwendigen Untersuchungen der Willenseinwirkungen und spiritistischen Phänomene aussprechen, weil ihr Glaube ihnen so etwas für unmöglich erscheinen lässt. Wir sehen also, dass die wissenschaftlichen Untersuchungen auf dem Gebiete des Experiments mit den philosophischen Untersuchungen gar nicht in Wiederstreit gerathen. so lange die exakte Wissenschaft auf ihrem Gebiete bleibt und nicht etwas als erwiesen hinstellen will, was niemals durch das Experiment erwiesen werden kann.

Benutzt die exakte Wissenschaft philosophische Werkzeuge, so sind ihre Erzeugnisse unsicher, also unexakt.

Die Philosophie hat ihr bestimmtes Feld. auf welchem sie die Wahrscheinlichkeit festzustellen hat, greift die exakte Wissenschaft herüber. ohne exakte Begründung. so muss sie sich eine Rückweisung gefallen lassen.

Was also Im. Kant und Andere ergründet haben. steht mit der exakten Wissenschaft nicht in Wiederspruch und wenn nun aus den geistigen Eigenschaften im Menschen auf eine höhere Gerechtigkeit und Intelligenz geschlossen wird, so bleibt die Wissenschaft ebenfalls neutral.

Wenn aber Jemand so keck ist und sagt „ich beweise, dass der Wille die Materie beeinflussen kann, dann muss die Wissenschaft sagen: Oho, das möchte ich doch erst sehen, und sich nun bemühen, das Wahre von dem Unwahren zu trennen.

Eines klareren Verständnisses wegen füge ich nun noch hinzu, dass nach dem Durchlesen vorstehender Zeilen immerhin noch die Ansicht vorhanden sein kann, dass der Beweis, die Begriffe „unendlich, ewig" seien nicht Gegenstände der exakten Wissenschaft, noch nicht erbracht sei.

Es hat mir in Bezug hierauf ein Freund geschrieben, dass er die Begriffe „ewig und unendlich" für Werkzeuge der exakten Wissenschaft halten müsse, da unsere Vorstellungskraft unvollständig sei und dieser Mangel durch die Aufstellung der mathematischen Unendlichkeitsformeln aufgehoben würde.

Ich frage nun, wie erkennt man die Gegenstände, Begriffe, die lediglich der Philosophie angehören?

Man erkennt sie dadurch, dass man alle Gegenstände unserer Sinne und unseres Begriffsvermögens in zwei Klassen theilt.

In die erste Klasse kommen alle diejenigen Gegenstände, welche unserer Anschauung, unserem Begriffsvermögen ein umfassend erkanntes Bild ermöglichen.

In die zweite Klasse kommen diejenigen Gegenstände, welche zu Folge der Unzulänglichkeit unserer Sinne, unserer Vorstellungskraft kein Bild einer bestimmten Anschauung liefern.

In der ersten Klasse befinden sich also alle Gegenstände der exakten Wissenschaft; in der zweiten Klasse alle Gegenstände der philosophischen Wissenschaft.

Ebensowenig wie wir nun den Begriff Gott, Geist, Seele, nicht zu einer Anschauung, zu einem umfassend erkannten Begriff unseres Denkvermögens machen können; ebenso wenig hilft uns die mathematische Formel zu einer umfassenden Erkenntniss der Unendlichkeit und Ewigkeit.

Also gehören letztere Begriffe zu der Philosophie.

Wenn daher ein Gegner meiner Ansicht schreiben sollte:

„Die Philosophie rechnet mit dem Begriffe Geist und verwandten Begriffen, deren Existenz, und noch viel weniger, dessen Eigenschaften sie anschaulich darthun kann.

4

Sie mag schon damit rechnen, aber dann soll sie nicht ihre Schlüsse für die Körperwelt anwenden wollen, sondern in ihrem Element dem rein Geistigen bleiben.

So mag die Philosophie von Gott, Moral, Religion, Schönheit und hundert anderen abstracten Dingen reden, ihre Schlüsse darauf angewandt, mögen völlig richtig sein, — aber in die Körperwelt darf sie nicht hinüber schliessen; es kann ja sein, dass ihre Behauptungen in Bezug auf den Körper einmal zutreffen, aber sicher sind diese Behauptungen nicht.

Die Philosophie mag die Existenznothwendigkeit eines Gottes völlig klar darthun, so gilt dieses nur für den Geist, Gott ist ein Geist, wir haben eventuell einen Geist, unser Geist mag zu dem Gott in ein Verhältniss treten etc. etc. etc.; aber die Körperwelt bleibt davon unberührt.

Ebensowenig wird es den Naturforschern einfallen, mit ihren Methoden etwas Geistiges finden zu wollen; es wird keiner je dran denken, mit seinen Apparaten auch nur das kleinste Atom eines Geistes zu suchen.

Die Naturforscher können nicht anders, wenn sie nicht ihren Methoden untreu werden wollen, als die Existenz Gottes (als Schöpfer) absolut verneinen.“

Was würde man nun aus der Antwort meines Gegners entnehmen können?

Man würde das entnehmen, dass erst mein Gegner richtigerweise Jedem sein Gebiet anweist und zum Schluss sich selbst täuschend, auf das ihm fremde Gebiet hinübergreift, und dort einen philosophischen Schluss macht, was er ja vermeiden wollte.

Wenn er nämlich auf seinem Gebiete geblieben wäre, so hätte er nur sagen dürfen:

Ob Gott existirt, weiss ich nicht, es kümmert mich auch nicht, es interessirt mich nicht; wenn Ihr den Philosophen Zutrauen schenkt, so fragt dieselben.

Nachdem er aber geschrieben hatte, ich muss die Existenz Gottes absolut verneinen, so hat er uns damit gezeigt, dass er sich unbewusster Weise mit der Philosophie beschäftigt hat.

so dass jetzt sein Urtheil auf vermeintlich exakter Untersuchung beruhend, die Menschheit täuschen muss.

Hier liegt auch der Trugschluss Dr. Ludwig Büchners. Derselbe macht sich auch in seinem neuesten Werke

„Das künftige Leben und die moderne Wissenschaft"

Leipzig 1889. bemerkbar, welches Werk so vorzüglich die Einheit der Natur. die Entwicklung aller materiellen Formen. sowie des Geistigen aus ein und demselben Urstoff oder Urkraft, was ja auch zweifellos richtig ist. schildert. dass wohl die meisten Leser. durch das glänzende und richtig gezeichnete Bild geblendet. den Trugschluss nicht bemerken.

Und dieser besteht eben darin. dass Herr Büchner. ohne das wirkliche Wesen der Materie zu kennen. nur unter Berufung auf deren Eigenschaften der Unzerstörbarkeit und der Unzertrennlichkeit der Correlate Kraft und Stoff. sowohl über den Ursprung als über den Zweck des Daseins ein bestimmtes Urtheil zu fällen wagt. Dass Herr Prof. Büchner das Wesen der Materie selbst nicht ergründet hat. sein Urtheil sich somit nur auf einige Eigenschaften der Materie stützt, schreibt er selbst in seinem oben angeführten Werk. Seite 90. mit den Worten:

„Nur das will ich noch hinzufügen. dass mir — auch abgesehen von allem Vorgetragenen — die Forderung einer Erklärung der geistigen Erscheinungen aus materiellen Bedingungen an und für sich eine höchst unverständige und auf falscher Fragestellung beruhende zu sein scheint.

Wie kann man eine solche Erklärung verlangen. so lange man das in seiner innersten Zusammensetzung und Bewegung unerforschliche Wesen der Materie selbst nicht kennt. und so lange über Begriff und atomistische Natur derselben unter Naturforschern. wie Philosophen die weitgehendsten Meinungsverschiedenheiten bestehen?"

Nachdem also von Herrn Prof. Büchner das Wesen der Materie selbst nicht erforscht ist, verdienen dessen Schlüsse nicht als Wissen. sondern als Hypothesen hingestellt zu werden. die es sich gefallen lassen müssen, mit anderen Hypothesen in den Wettkampf eingestellt zu werden. wenn diese einheitlich mehr erklären, als die bisherigen zu erklären im Stande waren.

Die bereits erwähnte Hypothese des Herrn Prof. Schlesinger, die den Stoff in immaterielle Kräfte auflöst, also für die Undurchdringlichkeit der Materie eine Entstehungsursache, sowie für die Bewegung durch die absolut ruhende Wesenheit des Raumes ebenfalls eine Entstehungsursache angiebt. erklärt einheitlich nun mehr; und wenn, was doch immerhin möglich ist. die Schlesinger'sche Hypothese nun die Richtigere sein sollte. so bliebe allerdings der Inhalt der oben erwähnten Büchnerschen Schrift unangetastet als richtig bestehen, wogegen indess die Schlussfolgerung, welche obige Schrift eigentlich hervorgerufen hat. sich alsdann als unrichtig erweisen würde.

Dasjenige, was Herr Prof. Büchner nun besonders bekämpft. die Annahme der Dualität von Stoff und Geist. die Unerklärbarkeit von dem Ineinandergreifen von Geist und Stoff. fällt bei meiner Annahme gänzlich fort. da für mich. nach Prof. Schlesinger, Geist nur verfeinerte Materie. oder Materie nur verdichtete geistige Elemente sind, d. h., dass erst Materie durch das Beharrungsvermögen des realen Raumes und durch die Bewegungsfähigkeit der Kraftatome, durch Zusammensetzungen also. entstanden ist.

Wenn sonach das eigentliche Wesen. die Seele aller Dinge von den Mineralien an bis zu dem höchst entwickelten Thierkörper, ähnlich den chemischen Vorgängen, in sich allmählig entwickelnden, verfeinernden Kräften besteht, oder aus diesen bestehend angenommen werden kann. so widerstrebt diese Annahme weder der Deszendenztheorie, noch der Büchnerschen Kraft- und Stofflehre.

Hierdurch ist nun auch die Erklärung des Bewusstseins, der Rückerinnerung unserer Einsicht klarer vorgeführt, als es die in der Kraft- und Stofflehre gegebene Erklärung zu thun vermochte, da der Versuch, die Rückerinnerung zu erklären, in dem Büchnerschen Werk wohl als gescheitert betrachtet werden kann.

Herr Prof. Büchner sagt nämlich, dass unser ganzer Körper in fortwährendem Fluss, d. h. im Stoffwechsel begriffen sei.

so dass wir nach einer Reihe von Jahren aus ganz neuer
Materie, aus vollkommen anderen Zellen bestehen.

Nachdem wir nun aber eine Rückerinnerung weit über
die Zeit zurück, in der wir aus ganz anderer Materie bestanden, besitzen, so — meint Herr Büchner — haftet die
Eigenthümlichkeit der Rückerinnerung nicht der Materie, sondern der Form des Körpers an.

Da nun aber die Form an und für sich garnichts ist,
und diese erst durch die an Stelle der absterbenden, sich ver-
flüchtigenden Zellen, durch die nachrückenden, neu entstehenden
Zellen erhalten, oder, wie bei Krankheiten, umgeändert wird,
so kann dieses ohne Zellen garnicht vorstellbare Ding auch
nicht der Träger der höchsten Geisteseigenschaften sein und
scheint Herr Prof. Büchner hier eine Verlegenheit einfach
überklebt zu haben, die jedoch in der Schlesinger'schen Kraft-
und Raum-Hypothese behoben erscheint. Die übrigen Ausführungen des Herrn Prof. Büchner erfordern weniger Beachtung, da seine Ansicht, dass die Unsterblichkeit dem menschlichen Geiste späterhin zur höchsten Langenweile gereichen
müsse, dadurch hinfällig wird, dass wir wohl richtiger ein
fortwährendes Wachsthum und damit Erneuerung des Lebens-
reizes anzunehmen berechtigt sind, wobei auch die Art des
Formenwechsels (auf Erden der Tod des Körpers) nicht immer
die gleiche zu sein braucht.

Was das seelische Verhältniss zwischen Thier und Mensch
betrifft, so widerstreitet es ebenfalls durchaus nicht der Deszendenztheorie, anzunehmen, dass die seelischen Eigenschaften
der Thiere, bei der jeweiligen Trennung vom Körper, ähnlich
den ausgelösten chemischen Bestandtheilen einer Materie, neue,
dem Verwandtschaftsgrade entsprechende Verbindungen eingehen und zwar soweit, bis der erreichte Grad der Verfeinerung denjenigen Zustand erreicht hat, den wir — Geist,
Selbstbewusstsein — nennen. Dieser Zustand, hervorgegangen
aus einem sich allmählich entwickelt habenden Kräftesystem
analog dem Zellenbau des menschlichen Körpers, der nur eine
momentane sich anpassende Erscheinung sein mag, kann in
seiner chemisch feineren Zusammensetzung dieselbe Form angenommen haben, wie das gröbere materielle Aetheratom, so
dass auch Ersteres vollkommen rund und nach allen Seiten

abstossend, der ferneren Durchdringung widerstehend, nunmehr keine weiteren Verbindungen eingeht, so dass sich dieses menschlich geistige Kräftesystem. oder Seele (nicht zu verwechseln mit Zellensystem) von dem thierischen Kräftesystem oder Seele dadurch unterscheidet, dass die thierische Seele. das Individuelle aufgebend, sich weiter entwickelnd, neue Verbindungen eingeht. während dieses durch die Undurchdringlichkeit oder allseitige Abstossung bei der menschlichen Seele. welche man deshalb wohl — Geist — nennen kann. nicht mehr der Fall ist.

Der Fortschritt der Natur im Menschengeist mag dann in der Verfeinerung der inneren Qualität des Geistes bestehen, in der Zunahme der Erkenntniss, des Gefühls. der Empfindung für das Schöne.

Meine Ansichten und diejenigen der Kraft- und Stofflehre differiren also eigentlich nur in der zu Grunde liegenden Frage:

„Was ist die Materie?"

Dass Kraft und Stoff unzertrennlich, unzerstörbar und also ewig sind, bestreite ich durchaus nicht; jedoch gegen die Schlussfolgerungen Büchners. nachdem dieselben nicht genügend fundirt sind und nachdem es sogar nicht allein möglich, sondern auch wahrscheinlich ist. dass wir. in unserer Einsicht weiter zurück gehend. eine Ursache für die Entstehung des Stoffes. der Bewegung, des Naturgesetzes und damit vermuthlich eine bessere Einsicht in den Zweck des Daseins finden werden. lege ich zu Gunsten einer mehr erklärenden Hypothese einen Protest ein.

III. Theil.

Wirkungen der Gottesidee.

Was sind Ideen? Ideen sind unserem Einbildungsvermögen, unserer Phantasie vorschwebende Bildnisse, welche zu erreichen, oder welche nachzubilden, wir stets und in allen Lebenslagen bemüht sind.

Vorschwebende, nachbildungswürdige Ideen müssen sich z. B. bei den Malern, Bildhauern, Baumeistern, Dichtern und Philosophen vorfinden.

Gelingt es ersteren Dreien, ihre Ideen derart mit ihren Handwerkzeugen darzustellen, dass auch andere Menschen durch den Anblick ihrer Nachbildung begeistert, und von der Schönheit und Erhabenheit hingerissen werden, so nennt man sie Künstler, und ihre Nachbildungen Kunstwerke, welche nun veredelnd auf die Menschen einwirken.

Gelingt es letzteren Zweien ihre ihnen vorschwebenden Ideen derart als Dichtung oder als Ansicht über Gott und den Zweck der Welt, in Rede oder Schrift den Mitmenschen vorzutragen, dass die Menge eine Wahrheit und einen Fortschritt in der Erkenntniss darin erblickt, so macht die Menschheit diese Ideen zu ihren eigenen Ansichten, wodurch wiederum ihre Handlungen einer Beeinflussung unterworfen werden.

Jede Idee, welche also die Aufmerksamkeit mehrerer Menschen erregt, und von diesen mehr oder weniger tief empfunden wird, ruft dadurch im praktischen Leben eine Wirkung hervor, dass die Handlungen der von der Idee berührten Menschen anders werden, als sie sonst geworden wären.

Derartige Ideen nun, welche häufig durch ihre Wahrheit und Schönheit ganze Völkerschaften ergriffen und beeinflusst haben, sind manchmal später die Ursache geworden, dass wiederum ganze Völkerschaften in Verwirrung und geistige Knechtschaft gerathen sind.

Und zwar dadurch, dass ein Theil der Menschheit das Studium der Ideen für sich allein beanspruchte und den übrigen Menschen nur dasjenige zukommen liess, was er für gut befand. Der grössere Theil der Menschen war in diesem Falle immer auf den kleineren, die Kenntnisse besitzenden Theil der Menschheit angewiesen, und veränderte sich bei Ersteren die ursprünglich allgemein bekannte Idee, schliesslich in einen blinden Gehorsam, in eine Unterwerfung unter die vorgeschriebenen Gebote.

Die fortschrittliche Idee veränderte sich also schliesslich bei der grossen Masse, in die Starrheit eines blinden Glaubens.

Der Glaube trat somit an die Stelle der früheren Idee, er gab aber in der Stärke seiner Wirkungen der letzteren nichts nach.

Diesen Glauben oder Aberglauben können wir füglich auch eine Idee nennen, wenngleich ihr Ursprung häufig genug nicht aus der Erkenntniss und Forschung nach Wahrheit und Fortschritt hervorgegangen ist.

Und wie gross und bedeutend die Wirkungen eingepflanzter oder aufgefangener Ideen werden können, zeigt uns die Weltgeschichte klar und deutlich in grossen Zügen.

Was wir aber am deutlichsten wahrnehmen können, sind die Wirkungen, welche dadurch hervorgerufen sind, wie man die Gottesidee aufgefasst hat.

Bei Ludwig dem XIV. wurde z. B. durch dessen geistliche Rathgeber die Idee befestigt, dass es ein Gott wohlgefälliges Werk sei, die Menschen, welche zu einer anderen Religionsform übertreten wollten, mit allen Mitteln, welche immer es auch sein mögen, also mit Gewalt, von dem Uebertritt zu einer anderen Glaubensform zurück zu halten.

Da viele Franzosen aber lieber ihre Heimath verlassen wollten, als sich dem priesterlichen Zwang zu fügen, so zogen diese Leute in solchen Massen nach den benachbarten Ländern der Glaubensfreiheit, dass Louis XIV. schliesslich die Grenze seines Landes mit Truppen besetzen liess und nun ganze Schlachten mit den Leuten zu bestehen hatte, die sich danach sehnten der damaligen Misswirthschaft zu entgehen.

Louis XIV. war derart von seiner Gott wohlgefälligen

Thätigkeit überzeugt. dass. als er am Abend seiner Lebens einige Schlachten verlor, erbittert ausrief:

„Gott. wo bleibt Deine Dankbarkeit. nachdem ich so viel für Dich gethan habe."

Die Weltgeschichte erzählt uns. dass Frankreich 500.000 seiner besten Bürger durch Auswanderung verlor. Bei diesen zeigte sich also die Wirkung einer fortschrittlichen. der Wahrheit sich zuneigenden Idee, während die im Aberglauben zurück gesunkene Idee des Königs sich in ihrer Wirkung durch die grausamsten Verfolgungen der Hugenotten kennzeichnete.

An diesem geschichtlichen Ereigniss kann man erwägen welch eine Menge von Unglück verhütet worden wäre. wenn der Gottesbegriff in der Idee des Königs ein höherer gewesen wäre; wenn er in Hinsicht auf Gott. es für würdiger erkannt hätte. die Menschen nach ihrer Gesinnung. nach ihrer Charakterveredlung zu belohnen oder zu bestrafen. anstatt Gott zuzumuthen. darnach zu richten. ob einer in dieser oder jener Glaubensform seinen Uebertritt in eine andere Daseinsform bewerkstelligt habe.

Friedrich der Grosse, der viele der ausgewanderten Franzosen zur Ansiedelung und Vergrösserung Berlin's verwendete. hatte dagegen einen so hohen Gottesbegriff. dass er behauptete. ein Jeder könne nach seiner Façon selig werden. Eine Wirkung dieser Gottesidee bestand also unter Anderem auch darin. dass die verfolgten. gepeinigten Franzosen in dem preussischen Reiche Schutz und Aufnahme fanden.

Auch bei den Mohamedanern macht sich die Wirkung einer zu niedrig gefassten Gottesidee sehr bemerkbar. indem die Anhänger des mohamedanischen Glaubens zu Folge ihrer Gottesidee zu Fatalisten geworden sind.

Sie glauben nämlich. dass Gott ihnen ihren Lebenslauf und ihr Ende genau vorbestimmt habe und sind sie hierdurch zu der Eigenart der Gleichgültigkeit gekommen. welche sich z. B. bei den Türken so sehr bemerkbar macht.

Opferwillig ziehen die türkischen Soldaten trotz schlechter Zahlung und schlechter Nahrung in den Kampf. weil sie annehmen. dass ihnen trotz Krieg und Gefahren kein Unfall zustossen könne. wenn er nicht schon vorher durch Gott bestimmt worden sei.

Wenn wir nun noch der vielen wilden Völkerschaften und
theils auch hoch entwickelten heidnischen Völkerschaften ge-
denken. welche eine so tiefe Gottesvorstellung haben, dass sie
dieser Idee Menschenopfer bringen, um dadurch Gott versöhn-
lich zu stimmen, so können wir einsehen. welch eine Wirkung
es hat, wie die Menschen die Gottesidee auffassen.

Ja! die Wirkungen einer niedrigen Gottesvorstellung sind
sogar so bedeutend. dass nicht allein heidnische, jüdische und
mohamedanische Völkerschaften über andere Völkerschaften
herfielen und alle Andersgläubigen zur Ehre ihres vermeintlich
wahren Gottes niedermetzelten; sondern sogar christliche
Völker. wie z. B. in der Reformationszeit, über einander herfielen. alle Andersgläubigen erschossen. erwürgten, verbrannten.
ersäuften, wobei weder Frauen noch Kinder geschont wurden,
und dann in die Kirche gingen. Gott für den Erfolg zu danken
und das Bewusstsein mit sich tragend von Gott für ihre Bemühungen um seinetwillen auch von ihm im Himmel einen
Platz unter den Gläubigen zu erhalten.

Solche Wirkungen ermöglichte die Gottes-Vorstellung der
verbreitetsten Kirche christlichen Glaubens. und ähnliche Ereignisse. wie die eben angedeuteten, hervorgegangen aus einer
zu niedrig gefassten Gottesidee, finden wir fort und fort bei
allen Völkern bis auf unsere Tage.

In unseren Tagen hat sich indess das Verhältniss eines
grossen Theils der Menschheit zu der Gottesidee plötzlich geändert und zwar so bedeutend, dass wir, bildlich genommen.
die Kehrseite der bisherigen Idee bekommen haben.

Hier sehen wir jetzt die eigentliche Gottesidee nicht mehr,
sondern die Rückseite des Bildes. den grauen Hintergrund, den
die neuesten Propheten als Urnebel bezeichnen und den Leuten
beweisen möchten. dass auf der anderen Seite kein Bild mehr
existire.

Diese neuen Apostel fühlen jedoch auch das Bedürfniss
für die mit der Gottesvorstellung verbundenen Idee der absoluten Gerechtigkeit einen Ersatz schaffen zu müssen, damit das
Volk einen Halt habe und nicht schliesslich. nur nach egoistischen Maximen handelnd, im krassesten Egoismus entarte.

Das Gebäude dieser Leute. die ich vorhin Büchnerianer
und materialistische Naturforscher genannt habe, besteht also

aus Urnebel. die Gegend ringsum, soweit eine Forschung möglich ist. ebenfalls aus Urnebel; sie haben also kein anderes
Material, und wenn sie eine Morallehre aufstellen wollten. natürlich ohne die Gottes- und Gerechtigkeitsidee, so müssten
sie dieselbe aus dem Nebel aufbauen. so dass man diese
Schöpfung auch wohl eine Moralleere nennen könnte.

Wenn es diesen Leuten nun gelingen sollte. nachzuweisen.
dass aus dem Urnebel, aus Uratomen ohne Willenskeim sich
verdichtende. mit einander kämpfende materielle Körper hervorgegangen seien. und die Menschen als das End-Resultat
dieses Vorganges anzusehen wären. so bleibt ihnen nichts
anderes übrig, als der gedachten Grundlage und dem
Ursprunge gemäss ein Gesetz zu schaffen, welches die Aufgabe hat. zu verhüten. dass ein Mensch dem anderen Menschen
schade; denn wenn alle Menschen die Ueberzeugung bekommen sollten, dass es nach dem Tode keine individuelle
Fortexistenz mehr giebt. so werden bei weitem mehr Menschen
als jetzt. sich nicht scheuen ihre Lage auf Kosten der anderen
Menschen zu verbessern. wenn sie glauben. es ohne Gefahr für
sich ausführen zu können.

Mehr kann man von einer Welt, der keine andere Idee
als der Urnebel, und keine andere Erklärung der Entstehung
des Menschengeschlechts als aus dem Zufall und einem blinden
Kampf ums Dasein. zu Grunde liegt, nicht erwarten.

Die wirkliche Morallehre, die wir gleichzeitig mit
der Gottesidee verlieren müssten. würde sich also unter
den Händen der neuen Apostel in eine Klugheitslehre
verwandeln, und hätten wir damit in der Wirkung dann
dasjenige erreicht. was die alten Juden bereits vor Moses be-
sassen und was den Juden von heute noch ihre Eigenthümlichkeit bewahrt hat.

Die Wirkung. welche das Klugheitsprincip, also auch eine
Erziehung ohne die Jenseitsidee. äussern müsste. lässt sich leicht
einsehen. Wenn wir uns in der Erfahrung nach Beispielen
umsehen, so brauchen wir nur zu untersuchen. welch eine
Wirkung die Erziehung von Kindern im Sinne der jüdischen
und im Sinne der christlichen Religion haben muss: welch
ein Unterschied zwischen der Erziehung von Kindern in einer
jüdischen und einer christlichen Familie bestehen muss.

Wenn die Juden auch Gott seit Jahrtausenden anerkennen.
so haben sie doch den Glauben an eine Fortexistenz der Seele
früher nicht oder nur sehr schwach besessen. wie ja auch
diese Idee im alten Testament fast gar nicht zum Ausdruck
kommt; wodurch sich bei den Juden, weil sie die Belohnung
in diesem Leben suchten und meistens auch heutzutage noch
suchen, das Klugheitsprincip so sehr ausgeprägt hat.

Es ist daher nicht zu verwundern. dass dem jüdischen
Glauben gemäss, die Gespräche der Eltern und deren Verwandten. denen die Kinder unabsichtlich zuhören. sich meistens
um die Art und Weise drehen, wie man am leichtesten zu
einem Vermögen komme: wobei alle in Erfahrung gebrachten
Fälle, in denen ein Erfolg zu verzeichnen ist. mit Bewunderung und Beifall besprochen werden.

Das Kind hört die Worte Klugheit, Schlauheit, Vortheil
so häufig: dagegen „Vergeltung im Himmel" etc.. so selten,
dass seine oberste Maxime, dem es alle seine anderen Grund-
sätze unterordnet. das Klugheitsprincip wird: so dass günstigen Falls das bei den Christen vorwiegende höhere Ideal
der Hoffnung auf eine Vergeltung im Himmel. bei ihm erst in
zweiter Linie berücksichtigt wird.

Wenn nun auch bei den meisten Christen ebenfalls das
Klugheitsprincip herrscht, so kommt es bei diesen, Ausnahmen
abgerechnet, doch erst in zweiter Linie zur Geltung. da die
Kinder dieses Glaubens zur Zeit der Entfaltung ihrer Phantasie, mehr über Gott und den Himmel. als über Vortheile
schlauer Handlungsweise hören und diese frühesten Eindrücke
von Einfluss auf ihr späteres Leben sind.

Die Eindrücke, welche die Menschen in ihrer Kindheit
gewinnen. sind für ihre spätere Zeit so bedeutungsvoll. dass.
wenn sie auch später die verbissensten Materialisten werden,
sie dennoch aus Gewohnheit. aus anerzogenem Sinn für das
Gute. ehrliche. gerechtigkeitsliebende Menschen bleiben.

Ist dagegen in ihrer Jugend ihr Gemüth nie sonderlich
von der Schönheit des Glaubensdogmas berührt worden. und
die lebhafte Phantasie der Kinder, anstatt mit diesem zauber-
haft Schönen angeregt zu werden. durch den fortwährenden
Hinweis auf die Klugheit und den Vortheil dahin geleitet,
sich mit Zukunftsbildern des Verdienstes und eines genuss-

reichen Lebens zu beschäftigen, so kann bei solcher Art gebildeten Menschen sehr leicht die Neigung zum Betruge eintreten, und auch der Betrug zur Ausführung kommen, wenn sie sich sicher genug glauben, nicht entdeckt zu werden

Wenn man nun bedenkt, dass die Erziehungsweise nach dem Klugheitsprinzip, dem die Gottesidee noch beigegeben ist, solch ein Resultat ergiebt, so ist doch einleuchtend, dass eine Erziehungsweise nach dem Klugheitsprinzip ohne die Gottesidee kein besseres Resultat liefern kann.

Wenn auch die ersteren Generationen noch die Ehrenhaftigkeit ihrer Vorfahren ererben, so muss diese doch abnehmen, je weniger die Kinder in den späteren Erziehungsmethoden von Gott, Gerechtigkeit und Fortexistenz im Himmel zu hören bekommen; und ist sogar anzunehmen, dass die Nachkommen der sogenannten aufgeklärten Welt noch egoistischer als manche Juden werden, da diese wenigstens den Anreiz zu Wohlthaten ihren Glaubensgenossen gegenüber besitzen, welcher Anreiz den Ersteren auch noch fehlen würde.

Dahin müssen wir mit Nothwendigkeit gelangen, wenn es den neuen Aposteln gelingen sollte, von ihrem Gebäude des Urnebels aus unsere Gottes- und Gerechtigkeitsidee zu verdrängen.

Man ersieht hieraus wiederum, welche Wichtigkeit wir der Art und Weise, wie wir die Gottesidee oder auch Ursprungsidee auffassen, beilegen müssen.

Eine zu niedrige Auffassung führt zum Aberglauben, eine gänzliche Leugnung der Gottesidee zum Egoismus.

Bemühen wir uns nun einmal zu untersuchen, welche Wirkung die von mir in dem vorstehenden I. und II. Theil dieses Werkchens niedergeschriebene Gottesvorstellung haben wird. Die materialistischen Naturforscher sehen wir ein Gebäude des Urnebels aufrichten, die philosophischen Naturforscher, denen auch ich mich anschliesse, errichten nun ein Gotteshaus, dessen Mauern aus dem Wahrscheinlichkeitsbeweise aufgebaut sind, dessen Säulen aus der Gerechtigkeit bestehen, an denen die Lehren der Moral angeschlagen sind, so dass wir nicht erst, wie unsere Nachbarn, nöthig haben, dieselben herzustellen.

Unsere Gottesidee, oder unsere Vorstellung von Gott ist

jetzt so hoch gefasst, dass wir von ihm annehmen müssen, er habe uns und die uns umgebende Welt so eingerichtet, dass Niemand, mag er anfangen, was er wolle, ewig verdammt sein könne, und der in uns hinein gelegte Wille, stets unsere Lage zu verbessern, uns mit Naturnothwendigkeit zur Erkenntniss und zu einem besseren Leben im Jenseits gelangen lasse.

Ausserdem haben wir erkannt, dass es eines allmächtigen Gottes Werk würdig sei, dasselbe so vollkommen geschaffen zu denken, dass es einer Reparatur, eines späteren Eingreifens nicht bedürfe: dass wir also ein Perpeteum mobile darin erblicken müssten, welches nicht allein durch einen gleichmässigen Gang sich auszeichne, sondern welchem ausserdem noch ein Zweck und ein Ziel inne wohne, so dass wir in keiner Weise, bei keiner Gelegenheit auf ein Eingreifen Gottes zu rechnen brauchen, da dieses der Vollkommenheit seines Werkes entsprechend nicht nöthig sei und wir uns somit als völlig frei, d. h. eines göttlichen Rechtschutzes während unserer irdischen Laufbahn, wie etwa von einer regierenden Staatsgewalt, entkleidet betrachten müssen.

Unsere Hauptglaubenssätze sind demnach jetzt Erstens, drei verneinende, und zwar:

1. **Gott hilft uns nicht,** (da es zu Folge des Naturgesetzes nicht nöthig, und der Grösse Seines Werkes nicht würdig wäre).

2. **Der Glaube** (nach biblisch dogmatischer Auslegung) **allein macht nicht selig,** sondern er führt unter Umständen auf den Weg zur Seligwerdung.

3. **Die Sünden werden uns nicht vergeben.**

Zweitens, drei bejahende, und zwar:

1. **Wir sind vogelfrei,** da Gott für unsere irdische Sicherheit nicht in dem Sinne eines regierenden Staatswesens für die Gerechtigkeit eintritt.

2. **Die Charakterveredlung macht selig,** da nur sie unseren Reichthum für die Zukunft bilden kann.

3. **Unsere Sünden können nur durch eigene Anstrengung behoben werden.**

Nachdem wir nun vorhin gesehen haben, welche bedeutenden Wirkungen die Gottesideen im praktischen Leben äussern, können wir mit grösster Wahrscheinlichkeit annehmen, dass auch diese Idee, wenn sie von einem grösseren Theil der Menschheit anerkannt werden sollte, eine bestimmte Wirkung äussern muss.

Welche Wirkung hätte nun der erste Glaubenssatz der Gottesidee „Gott hilft uns nicht, wir sind vogelfrei?"

Gewiss die Wirkung, dass die Anhänger dieser Lehre den Stürmen, Gefahren und Krankheiten im menschlichen Leben mehr Widerstand entgegen setzen werden, als es früher der Fall war, da sie jetzt annehmen, dass sie nur von ihrer eigenen Anstrengung einen Erfolg zu erwarten haben.

Namentlich auf dem socialen Gebiete werden die grossen Massen der Menschen, die nicht mit Glücksgütern gesegnet sind, sich nicht mehr durch den Hinweis auf den Himmel, durch den Hinweis auf den sogenannten unerforschlichen Rathschluss Gottes vertrösten lassen und ruhig die schwere Bürde durch das Leben tragen, sondern nun darnach streben, während ihrer Lebenszeit auch einen Theil von den Genüssen und Annehmlichkeiten dieses Lebens für sich und ihre Kinder zu erringen.

Dieser hervorgerufene energischere Kampf ums Dasein wird sich aber noch wesentlich, wie ich gleich zeigen werde, von demjenigen unterscheiden, der durch die Annahme des Klugheitsprinzips entbrennen würde.

Die Wirkung des zweiten Glaubenssatzes der Gottesidee „Der Glaube macht nicht selig, sondern nur die Charakterveredlung" würde sein, dass sämmtliche Schlupfwinkel der Heuchler und Augenverdreher vernichtet würden: so dass die Anhänger dieser neuen Lehre ganz von den Scheinheiligen und Buchstabengläubigen befreit würden: dafür aber als Lehrer und geistige Berather gründliche Kenner der todten, lebenden und geistigen Natur erhielten, die ihnen einestheils die Vortheile zeigen würden, welche durch Kenntniss und Befolgung eer Naturgesetze erzielt würden und anderntheils zeigen würden, dass Geld und Gut allein nicht zufrieden machen können, sondern dass ein genussreiches Leben der Zufriedenheit nicht entbehren könne, welch letztere aber nur auf diese und jene Art und Weise zu erreichen sei.

Die Wirkung des dritten Glaubenssatzes der Gottesidee, „Die Sünden werden uns nicht vergeben, wir müssen uns selbst reinwaschen", sind nun die, dass die Anhänger der neuen Lehre nicht der laxen Moral, der wir heutzutage so häufig begegnen, verfallen, indem man dann nicht mehr der Ansicht sein darf, dass es im Alter noch früh genug sei, fromm zu werden und in die Kirche zu gehen, durch welche Denkungsweise die Leute verhindert werden, rechtzeitig auf ihre Charakterveredlung Acht zu haben. Ihr Charakter hat keinen grossen Antheil daran und Vortheil davon, wenn sie im Alter zu Folge eines gewissen Angst- und Furchtgefühls eine Stiftung zu wohlthätigen Zwecken machen, nachdem sie die Menschheit vorher unverschämt bewuchert haben.

Man wird durch Anerkennung und häufige Erinnerung an diesen letzten Glaubenssatz gewohnheitsgemäss in die Lage kommen, sich bei den Entschliessungen zu seinen Handlungen zu fragen, aus welchem Grunde wirst du das thun; ist dein innerster Beweggrund die Güte und Menschenfreundlichkeit, oder die Sucht zu gefallen und die Aufmerksamkeit zu erregen? trägt die Handlung zu deiner Charakterveredlung bei oder nicht?

Selbstverständlich tritt die Wirkung der erhöhten Gottesauffassung in der methodischen Einrichtung des Gottesdienstes und der Erziehung der Jugend am stärksten an die Oeffentlichkeit und lohnt es sich wohl der Mühe zu untersuchen, wie die Wirkung sich in beiden Fällen äussern und dem Beobachter, dem Zuschauer darstellen dürfte.

Zunächst würden die Anhänger der neuen Glaubensform das Bedürfniss fühlen eine Vereinigung Gleichdenkender zu bewerkstelligen, um durch gemeinsame Arbeit eine grössere Aussicht auf Erfolg, d. h. auf Verbreitung wahrer Bildung zu erhalten.

Dieser Vereinigung würde man wie bisher üblich, den Namen einer Gemeinde, einer Kirche geben können; sie könnten sich z. B. „Neuchristen" nennen, da ja Christus immerhin als unerreichbar leuchtendes Vorbild bestehen bleibt.

Das Gemeinsame der Mitglieder der Gemeinde müsste in dem Glauben an Gott und an eine absolute Gerechtigkeit bestehen, und weitere gemeinsame Glaubenssätze nicht als unbedingt und unerlässlich zu verlangende feste Glaubensbekenntnisse, also als Dogmen, verlangt werden; sondern alles Uebrige müsste als vorläufig der Wahrscheinlichkeit am nächsten, diejenige Beachtung erhalten, welche ein jedes Mitglied der Gemeinde derselben zu geben für gut finden wird.

Um also das Prinzip einer völligen Glaubensfreiheit zu wahren, scheint es unerlässlich zu sein, dass die gewählte Kirchenobrigkeit in der Glaubenssache sich darauf beschränke, die jeweilig mit den Naturgesetzen am meisten harmonirenden philosophischen Ansichten und Schlüsse aufzufinden, um dieselben der Gemeinde als der Wahrscheinlichkeit am nächsten zur Beachtung und vorläufigen Annahme zu empfehlen.

In diesem Sinne wären auch die oben angeführten drei Glaubenssätze aufzufassen, so dass sie vorläufig und nur so weit zur Annahme empfohlen werden, bis bessere Einsichten gewonnen sind.

Diese Vorsicht und Bescheidenheit ist unerlässlich und ist uns Bürgschaft dafür, dass unsere Religion nie, wie alle bisherigen, in eine Erstarrung und Veraltung geräth, sondern dem Wachsthum der Natur angepasst, mit dieser gleichen Schritt hält und somit gleich allen übrigen menschlichen Einrichtungen dem Fortschritt unterworfen ist. Hierdurch wäre also den Leuten die volle Glaubensfreiheit gewahrt.

Da nun aber alle Dogmen der bisherigen Religionsform verworfen sind, so muss natürlich auch diejenige fallen, welche viele Menschen vielleicht als officiell beizubehalten den Wunsch haben werden, nämlich die Annahme Christi als Gottes Sohn.

Es würde aber der vorläufig erkannten Wahrscheinlichkeit von der Vollkommenheit der Schöpfung Gottes widerstreiten, anzunehmen, Gott habe die Nothwendigkeit erkannt, durch einen Wunder wirkenden Geist in das Getriebe seiner Schöpfung persönlich einzugreifen, um ein Unheil zu verhüten.

Ein Eingriff, um ein Unheil zu verhüten, käme aber der Reparatur eines Meisterwerkes gleich.

Somit scheint es angebracht, das Dogma über Christus nicht beizubehalten, dagegen sein Bild, seine Thätigkeit und seine Morallehre als unerreichbares Ideal, als nachahmungswürdig den Mitgliedern stets vorzuhalten und somit das Bild Christi in dem Gottesdienste zu lassen.

Es mag einem Jeden überlassen bleiben, von der Persönlichkeit Christi zu glauben. was er wolle; es mögen die Wunder. von denen man. nach heutiger Erfahrung einen Theil als den Naturgesetzen nicht wiederstreitend erkannt hat. Beachtung verdienen; es mag möglich sein. dass die Natur. die wir ja erst anfangen lernen zu erkennen, so eingerichtet ist. dass es unter besonderen Umständen einem Geiste möglich wird. mit Beibehaltung seiner vollen Rückerinnerung als Mensch auf Erden zu erscheinen. alles dieses ist aber kein Grund zur Annahme eines blinden Glaubens. nachdem wir doch bei allen übrigen Dingen nur unserer Ueberzeugung nachgehen. und auch berechtigt wären, uns darüber zu wundern, wie Gott unser Schöpfer, dazu gekommen sei. blinden Glauben als massgebend und belohnungswürdig hinzustellen, nachdem Gott uns mit dem Verstande und der Urtheilskraft ausgestattet habe. Christus würde also in der neuen Gemeinde als leuchtendes Vorbild, als nachahmungswürdig gefeiert sein. ob er aber Gottes Sohn, als direkt von ihm gesandt. oder gleich uns übrigen Menschen als ein Kind Gottes anzusehen sei, das zu unterscheiden. mag den einzelnen Mitgliedern der Gemeinde überlassen bleiben.

In Uebereinstimmung mit den vorstehend entwickelten Anschauungen würde auch der Gottesdienst. die gemeinsame Feier innerhalb der Kirche, ein von dem jetzigen Gottesdienst verschiedenes Gepräge erhalten und zwar hauptsächlich dadurch. dass alle Ceremonien verschwinden würden, und nur noch von der Kanzel herab zu den Versammelten gesprochen würde. Und dasjenige, was den Versammelten zu verkündigen wäre, bestände dann weniger in Darstellung der Leiden Christi und Aufforderung in eine ruhige Ergebung in das uns auferlegte Schicksal. sondern mehr in Darstellungen über Gottes Werk. die Natur und über die Art und Weise glücklich. d. h. zufrieden zu werden. Gott erkennt man in seinen Werken, wem also darum zu thun ist. Gott wirklich und in der Wahrheit zu erkennen, der studire seine Werke. um zu einer wirklichen Anbetung seiner Grösse und Erhabenheit fähig zu werden, um in die Lage zu kommen, einen so hohen Begriff von ihm fassen zu können. dass er nicht mehr dem Aberglauben und seinen Folgen verfallen könne.

Indem man also dafür sorgt. dass die Menschheit aufge-

klärt wird. dass die Menschen die Gelegenheit und Fähigkeit
bekommen. Gott in seiner Schöpfung. in seiner Grösse zu erkennen, indem man die Menschheit befähigt. sich eine höhere
Gottesvorstellung zu machen. um dadurch die Einsicht von
der Wahrscheinlichkeit der absoluten Gerechtigkeit zu bekommen.
indem man dieses alles bezweckt. ehrt man Gott und begeht
man einen wahren Gottesdienst.

Und dieses soll der Zweck der Kanzelreden sein: dieses
Zweckes sich bewusst, soll die Gemeinde zur Entgegennahme
der Belehrung die Kirchen besuchen.

Um aber eine möglichst grosse Gewähr zu erhalten. dass
durch die Vorträge auch eine Wirkung erzielt werde. scheint
es geboten. den Gottesdienst in der Weise. wie er bei den
Protestanten ausgeübt wird. einzuführen: es wäre dafür Sorge
zu tragen, dass während der Rede des Priesters. Niemand
durch sein Kommen oder Gehen die Aufmerksamkeit durch
die verursachten Geräusche ablenke.

Wenn man bei dieser Einrichtung. dem Vortrage. das
Gemüth empfänglich machende musikalische Produktionen
noch vorher gehen liesse. so würde es gewiss nicht häufig
vorkommen. dass, wie heutzutage viele Leute nur an gewissen
Tagen. der Musik wegen. in die Kirche gehen und dieselbe
nach Beendigung der Musik verlassen, ohne den geringsten
Gedanken an Gott, oder über den Zweck des Daseins bekommen zu haben.

Die Vorträge müssten sich natürlich am hauptsächlichsten
mit den Gegenständen beschäftigen. welche das Glück der
Menschen. die Zufriedenheit. befördern würden.

Es wären also Vorträge. wie z. B. über die Einwirkung
der Erziehung auf die Charakterbildung der Kinder. oder
über den Ernst der Ehe. über das Verhalten bei Streitigkeiten.
über das Verhältniss zu Untergebenen, über die Folgen des
Geizes. der Hartherzigkeit. über den Nutzen der Selbstbeherr-
schung. des Entgegenkommens. der Güte. ferner mögen Vorträge aus der Weltgeschichte eingeschaltet sein. um den Leuten
die Wirkungen und Folgen unrichtiger Denkweise darzuthun,
auch philosophische Betrachtungen und Erörterungen mögen
zur Besprechung kommen.

Und da diese das Gemüth und den Charakter veredelnden, den Verstand schärfenden Vorträge vielleicht 3—4 mal wöchentlich abgehalten werden könnten, so würde ein Jeder seinem Bildungsgrade gemäss die ihm zusagenden Vorträge besuchen können und dabei durch die kirchliche Umkleidung der Worte für sein religiöses Gefühl genügende Nahrung finden.

Die Bildner des Gemüths und Charakters ihrer Gemeinde werden sich ohne Zweifel einer grossen Zuneigung und Achtung seitens des Publikums erfreuen, denn die Schranke, die bisher den geistlichen Menschen vom weltlichen getrennt hatte, besteht dann nicht mehr, da der Aberglaube vertrieben ist und die geistlichen Lehrer nun nicht mehr in dem Verdachte stehen, das den Zuhörern Vorgetragene selbst nicht zu glauben.

Auch in unserer Erziehungsmethode der Kinder muss sich die Wirkung der erhöhten Gottesidee bemerkbar machen und zwar darin, dass der Zweck des Unterrichts nicht mehr fast ausschliesslich darin bestände, den Kindern möglichst viel solcher Kenntnisse beizubringen, welche sie in die Lage setzen sollen, Geld und Gut zu verdienen, sondern dieser Zweck demjenigen Zweck untergeordnet werde, welcher die Kinder dereinst befähigen soll, zu erkennen, wie und auf welche Weise man glücklich und zufrieden werden könne.

Heutzutage findet man die Kinder und jungen Leute nur aus dem Grunde so sehr mit Arbeit überhäuft, damit sie dereinst durch ihr Können und Wissen möglichst schnell eine angenehme, sorgenfreie Stellung erringen.

Wenn mit dem Erreichen dieses Zieles die Zufriedenheit und das Glück der Menschen gesichert wäre, hätte man gewiss Recht, den Kindern die Last so bedeutender Anstrengungen, wie sie jetzt gefordert werden, aufzubürden.

Da aber das Glück und die Zufriedenheit mit dem Besitz von Geld und Gut nicht identisch sind, sondern der Besitz von Gütern die Menschen unter Umständen nur leichter glücklich werden lässt, als eine abhängige Stellung es gestattet, so sollte man nicht die ganze vorhandene Kraft eines Kindes nach einer Seite hin verausgaben.

Wie häufig kann man bemerken, dass die beim Kinde geweckte Begierde nach Erwerb im späteren Leben unersätt-

lich ist und die Wünsche solcher Menschen sich mit ihren
Erfolgen in gleich bleibenden Abständen vergrössern.

Dass dieser vernachlässigte Theil der Erziehung. die
Charakterbildung und Kenntnisserwerbung von dem wahren
Werth des Lebens nicht von den Eltern allein geliefert werden
kann. ist doch selbstverständlich, da in gar vielen Häusern
die Eltern. wenn sie auch den Willen hätten, doch nicht die
Fähigkeit besitzen. die erforderliche Belehrungsweise anzuwenden.

Für diese Kinder ist es also nothwendig. dass sie die Anlei-
tung durch die Schule bekommen und die Folge davon würde
sein. dass in manches Herz ein Samenkorn gelegt würde.
welches, im Laufe des Lebens zu einem prächtigen starken
Baume heranwachsend. von seinem Besitzer gar manchen
Sturm. dem ein schwankender Charakter keinen Widerstand
entgegen setzen könnte, abhalten würde.

Und gerade dieses würde durch Anerkennung der neuen
Gottesidee und durch die Einführung der neuen Glaubensform
erreicht.

Die Wirkung in der Erziehungsmethode bestände also
darin, den Kindern, resp. jungen Leuten durch die Schule die
Einsicht über den Vortheil, welche die Charakteredlung
mit sich bringt. gewinnen zu lassen.

Wenn nun auch die Kinder die hohe Vorstellung. wie wir
sie jetzt von Gott haben. nicht fassen können. und wir uns
begnügen müssen, ihre Religiosität durch die Lehre der bibli-
schen Geschichte zu wecken. und ihr empfängliches, der Phantasie bedürftiges Gemüth mit den so schönen Dogmen der
christlichen Lehre zu befriedigen; so können wir sie doch vom
10.—14. Jahre darauf vorbereiten, und ihnen sagen. dass ihnen
die wahre Erkenntniss. dass ihnen die Erkenntniss dessen.
was ihnen bis jetzt nur bildlich gegeben sei. dann kommen
werde, wenn sie das nöthige Alter. die nöthige Reife des Verstandes erreicht hätten.

Die auf solche Weise neugierig gemachten jungen Leute
mögen dann von ihrem 15—18. Jahre einmal wöchentlich
einen bestimmten Vortrag besuchen. in dem ihnen nach und
nach der Vortheil. die Wichtigkeit. der Werth der Gewin-
nung eines guten Charakters unter zu Grundelegung der Beweisführung der Existenz Gottes. beigebracht werden könne.

Um ihnen die Sache interessant zu machen und ihnen das Gefühl zu nehmen, als seien diese Stunden nur noch der letzte Rest des lästigen Schulzwanges, empfiehlt es sich, ihren Ehrgeiz zu wecken, ihnen zu gestatten, aus ihrer Mitte einen Ausschuss zu wählen, welcher für Ordnung, Tadel und Rathschläge zu sorgen hätte, so dass diesen jungen Leuten das Gefühl käme, als kämen sie freiwillig zu dem Unterrichte, wie etwa zu einer Universität, welchen Namen man dieser Einrichtung auch geben könnte.

Sollten sich jedoch später die Vorträge in der Kirche eines regen Besuches erfreuen, so könnte diese Einrichtung ganz beseitigt werden.

Die Folge dieser Bildungsmethode würde sein, dass viele Charaktere, die sonst einen unnützen Kampf ums Dasein bis an ihr Lebensende geführt hätten, frühzeitig zur Einsicht gekommen, ihr Glück schon auf Erden finden würden.

Und wenn auch mancher Mensch die Lehren nur halb oder zum vierten Theil aufgefasst hätte, den Nutzen würde er im späteren Ernst des Lebens doch einernten.

Aus dieser Darstellung ersieht man nun auch den Unterschied der Wirkungen zwischen dem Klugheitsprinzip und der neuen Gottesidee, welche beide das Gemeinsame haben, dass sie uns als völlig frei, d. h. als vogelfrei hinstellen, und damit zu einer energischen Gegenwehr gegen das Schicksal im Kampf ums Dasein auffordern, dagegen die Verschiedenheit aufweisen, dass die eine Ansicht die Erreichung der Zufriedenheit hindert, die andere Ansicht zur Erreichung der Zufriedenheit fördernd beiträgt.

Der Einwand der nun noch erhoben werden könnte, dass man eine neue Religionsform nicht sogleich an die Stelle der bisherigen Religionsform setzen könne, dass diese Massregel grosse Gefahren mit sich bringen könne, ist richtig, trifft aber nicht mehr unsere heutigen Verhältnisse.

Denn gehe man, einerlei in welche Stadt und frage hie und da die Leute nach ihren Religions-Ansichten, so wird man bald die unumstössliche Ueberzeugung bekommen, dass fast alle Bewohner von allen Städten die bisherige Religionsform entweder gar nicht mehr anerkennen, oder ihre Ansicht bedeutend modifizirt haben.

Nun frage ich, kann irgend eine Gefahr, ein Nachtheil entstehen, wenn diese Leute dasjenige zu hören bekommen oder in Corpore annehmen, wonach sie bisher vergebens gesucht haben?

Ich glaube nicht.

Die Leute, namentlich die Landbevölkerung, welche der alten Religionsform wirklich noch anhängen, werden auch vorläufig gar nicht berührt, und geschieht es dennoch, so geht das gewiss nur wachsthumartig vor sich, entsprechend der Zunahme dieser Idee in den Städten.

IV. Theil.

Eine Betrachtung über die sociale Frage.

Vorstehende Abhandlung hat den Zweck gehabt. dem geistigen Bedürfniss des Menschen die demselben am meisten zusagende Nahrung zuzuführen.

Nachdem jedoch der Mensch. wie bisher angenommen. aus zwei verschiedenen Elementen zu bestehen scheint, und zwar aus Geist und Materie (wenn auch beide Elemente aus ein und demselben Urelement entstanden sein mögen), so dass man von einem geistigen und materiellen Bedürfniss zu sprechen berechtigt ist. so muss man annehmen. dass die Menschen nur dann sich befriedigt fühlen können. wenn dem Bedürfniss nach beiden Richtungen Rechnung getragen ist.

Und da dieses Büchlein den Zweck hat. zur Erkenntniss der Wahrheit und zur Erreichung der Zufriedenheit beizutragen und letzteres ohne die Befriedigung unseres materiellen Bedürfnisses nicht möglich ist, so will ich mich nun bemühen. in kurzen Worten darzustellen, welche Massregeln ich für die geeignetsten halte. um einem Jeden die Gelegenheit nach Arbeit und dadurch die Mittel zur Erhaltung seines materiellen Daseins zu geben.

Der Kampf ums Dasein ist erst in diesem Jahrhundert. nachdem durch die Einführung der Maschinen so vieler Hände Arbeit überflüssig. geworden ist, ein wirklich erbitterter und mehr und mehr erfolgloser geworden.

Zu der Zeit, wo noch keine oder nur wenige Maschinen vorhanden waren, hat es zwar auch sociale Nothlagen gegeben. doch waren diese immer nur lokaler Natur. d. h. sie hatten ihren Ursprung meistens in dem schlechten Regierungssystem des einen oder anderen Staates. in der Ueberhebung des Adels und der Niederdrückung des Volkes durch hohe

Besteuerung und auferlegte Lasten und Dienste; oder in lang-
jährigen Kriegen. durch welche zuweilen einzelne Völker um
ein Drittel oder gar um die Hälfte der früheren Einwohnerzahl
zusammenschmolzen.

In der guten alten Zeit. in der also die Uebelstände.
von denen wir häufig genug hören, hauptsächlich durch die
Uebergriffe der Adeligen und Machthaber herrührten. konnte
immerhin noch ein Jeder. wenn er sich nur in einem
Ländchen mit einer guten Regierung ansässig zu
machen wusste, durch seiner Hände Arbeit zu einem be-
haglichen Leben und einem Wohlstande kommen.

Heute sind die Verhältnisse jedoch so. dass man einem
fleissigen Arbeiter oder Handwerker diese Aussicht nicht mit
derselben Zuversicht voraussagen könnte.

Durch die Ueberhebung der Adeligen und Machthaber
haben wir allerdings in obigem Sinne nicht mehr zu leiden.
da das neue Jahrhundert uns mit den Maschinen auch die
individuelle Freiheit aller Menschen gebracht hat.

.Die sociale Nothlage ist aber trotzdem. anstatt zu verschwinden. so bedeutend gewachsen und so allgemein geworden, dass wir schon gewohnt sind. sie eine internationale zu
nennen, die. als solche auch von den Regierungen sämmtlicher
Reiche der civilisirten Welt erkannt. ein Gegenstand der
ernstesten Besorgnisse geworden ist.

Wenn nun auch die Erfindung der Eisenbahnen. der
Dampfschiffe und die Einführung der allgemeinen Wehrpflicht.
wodurch die Menschen leichter von ihrer heimathlichen Scholle
fort. in Berührung mit den Bewohnern anderer Städte und
Länder kommen. zu dem internationalen Charakter der socialen Frage beigetragen haben, so besteht doch kein Zweifel
darüber, dass die Einführung der Maschinen am bedeutendsten
zur Verschärfung und Verallgemeinerung der Nothlage beigetragen hat. und hört man daher auch häufig die Ansicht.
dass dieser Zustand sich noch so lange verschlimmern würde
und müsse. bis man wieder zur Zerstörung der Maschinen ge-
schritten sei. um dadurch wieder Arbeitsgelegenheit und die
Gewissheit zu bekommen. dass jeder arbeitslustige Mensch
zur Vermögenserwerbung gelangen könne.

Wenn es nun kein Mittel geben sollte. die besitzlosen

Menschen aus ihrer misslichen Lage zu befreien. so wäre es
allerdings bedauerlich. aber unumgänglich nothwendig und geboten. diesen Theil, dieses Resultat des Scharfsinns des menschlichen Geistes wieder zu vernichten. Da es aber scheint, dass
nur die Gesetzgebung Schuld daran ist, dass nicht alle Menschen durch die Maschinen eine Erleichterung ihrer Lebens-
last, ihres bisher erforderlichen Arbeitquantums bekommen
haben; so muss man sich, bevor man der Reaktion verfällt,
nach neuen Gesetzen, welche die gewünschte Wirkung ver-
sprechen, umsehen.

Nach heutigen Rechtsverhältnissen ist es z. B. möglich,
dass Kapitalisten grössere Länderstrecken aufkaufen und dadurch ihre Kinder oder Kindeskinder in die angenehme Lage
versetzen. den Nachkommen der übrigen jetzt lebenden Menschen. die dort zu wohnen durch die Verhältnisse gezwungen
sind. ihre Bedingungen vorzuschreiben.

Nach heutigen Rechtsverhältnissen ist es möglich, dass
ein Staat während eines einzigen Regierungssystems eine derartige Schuldenlast für nutzlose Projekte, grosse Bauten, Mili-
tärwesen etc. sich aufbürden kann. dass die zukünftigen Generationen, die also zur Zeit noch nicht das Licht der Welt
erblickt haben. bereits verpflichtet sind. durch ihr ganzes Leben
für die Aufbringung der Zinsen der Schuld zu arbeiten.

Die Parlamente bieten dem gegenüber keinen genügenden
Schutz. denn wenn die Presse und einige Führer gewonnen
sind, ist alles zu erreichen.

Und wenn wir nun die grosse Summe in Betracht ziehen,
welche die grössten Europäischen Staaten jährlich an Zinsen
für ihre Schulden verausgaben. müssen wir uns sagen, dass
wir und unsere Nachkommen uns bereits in dem Verhältnisse
befinden und befinden werden. vermuthlich so lange wir leben
für die Aufbringung der Zinsen durch direkte Steuern und
durch die Vertheuerung aller Lebensbedürfnisse sorgen zu
müssen; redet man doch jetzt schon von der Staatsschuld als
von einer ewigen Schuld, deren Tilgung nicht möglich sei.

Man hofft von Jahr zu Jahr auf eine Hebung des Han-
dels, auf ein Aufblühen der Geschäfte, also auf eine zunehmende
Produktivität, wodurch nicht allein die vielen nach Arbeit aus-
gestreckten Hände Beschäftigung und Verdienst bekommen,

sondern auch der Staat auf eine Steuerfähigkeit der Massen, also auf grössere Steuer-Eingänge rechnen darf um endlich einmal eine Mehreinnahme, anstatt eine Mehrausgabe ausweisen zu können.

Doch wie darf man hoffen, dass dieser Fall eintrete, wenn jedes Jahr neue Maschinen zur Einführung und damit je nachdem hunderte oder tausende von Händen zur Arbeitslosigkeit oder zu geringerem Verdienste als bisher, gelangen.

Auf der einen Seite mehren sich die Maschinen, die Fabriken, die für ihre Artikel einen Absatz suchen, aber häufig aus Mangel an Absatz nur halbe Tage arbeiten können, oder ganz schliessen müssen; auf der anderen Seite vergrössert sich die Zahl der Menschen, die den Wunsch und das Bedürfniss haben, die fabrizirten Artikel zu kaufen, aber nicht in der Lage sind, das erforderliche Geld zu erschwingen.

Die Produktivfähigkeit und Consum-Unfähigkeit stehen sich also hier gegenüber.

Die Consumfähigkeit wird aber nicht allein durch die zunehmende Ausschliessung der Arbeiter bei Hervorbringung der Güter verringert, sondern ausserdem noch dadurch, dass jedes Jahr neue Steuern auf die unentbehrlichsten Lebensbedürfnisse gelegt werden

Die Summe, welche z. B. durch die Erhöhung der Zucker-, Kaffee-, Reis-, Salz-, Petroleum-, Branntwein-, Taback-u. sonstigen Steuern gewonnen wird, kommt zwar dem geldbedürftigen Staat zu Gute, aber um diese Millionen betragende Summen ist gleichzeitig die Kaufkraft des Volkes verkürzt, und der Industrie kann von dem Volke als Consument, für die Folge nur eine um so viel kleinere Summe zugeführt werden.

Das letzte Hilfsmittel, um in der Industrie den Ausfall zu decken, bleibt dann der Export, aber nachdem bereits alle mit Maschinenkraft arbeitenden Völker selbst mit der Sorge der socialen Nothlage der Arbeiter belastet sind, errichtet man jetzt allenthalben Schutzmauern, um der eigenen Industrie, und wenn sie auch noch einmal so schlecht und nebenbei theurer ist als die Ausländische, zum Siege zu verhelfen. Die Arbeiter haben natürlich nichts weiter davon, als dass sie von der Hand in den Mund leben; das Publikum ist gezwungen, für viel Geld schlechte Waare zu beziehen und derjenige. der nun den ganzen Vortheil einsteckt. ist gewöhnlich der Fabrikant. der Unternehmer, der ohnehin in den meisten Fällen schon sehr gut situirt ist.

Nachdem man also bei seinem näheren Nachbaren nicht viel mehr verdienen kann. da die Zollgrenzen immer höher werden, geht man jetzt zu den Wilden. halb oder garnicht civilisirten Völkern, reisst die Herrschaft an sich. und hofft nun. dass diese Leute mit der bei ihnen einziehenden Civilisation auch alle möglichen Kleidungsstücke anziehen und sonstige civilisirte Bedürfnisse bekommen werden. damit der Arbeiter daheim Arbeit und der Fabrikant seinen Verdienst bekomme.

Diese Sorge und Bemühung zur Hebung der Industrie kommt also in erster Linie der besitzenden Classe zu Gute. denn die Arbeiter. von denen ohnehin immer ein Theil keine. ein anderer Theil nur ungenügende Beschäftigung hat. bieten sich ja zu Folge ihrer um Arbeit konkurrirenden Zahl zu dem Minimallohne an, mit welchem sie ihren Lebensunterhalt bestreiten zu können glauben.

Demnach repräsentirt also, wenn meine Ansicht für richtig befunden wird. die besitzende Classe den Theil der Menschheit, der immer neue Summen zu seinem Reichthum hinzubekommt, entweder durch die Zinsen der Staatspapiere oder durch den Ueberfluss der Industrie. wogegen die übrige Menschheit die Arbeitskraft repräsentirt, die fortwährend ausgenützt wird. ohne mehr. als zur Fristung ihres Lebensunterhaltes nothwendig ist, zu erhalten.

Der Staat versieht in diesem Spiel des Kapitals das nothwendige Medium, da er die Gelder, die er vor Kurzem seinen Gläubigern zahlte. von diesen gegen neue Schuldverschreibungen zurück erhält und dafür seine Einwohner, also namentlich die Arbeiterschaft durch Auflage neuer Steuern zur Hervorbringung höherer Staatseinnahmen zu zwingen genöthigt ist, die wiederum zum Theil den Staatsgläubigern zufliessen und von diesen nach einer gewissen Zeit demselben oder einem anderen Staate gegen weitere Schuldverschreibungen gegeben werden.

Dieses Spiel muss sich so lange wiederholen, bis der Staat selbst keine Sicherheit mehr zu bieten scheint und nun dessen

Bemühungen Geld zu bekommen, trotz seiner Steuerzahler erfolglos werden.

Bei dieser misslichen Lage verringert sich die Consumfähigkeit unserer Völker, deren Hebung man allgemein so sehnsüchtig erwartet, mehr und mehr.

Um dieselbe zu bessern, um gesündere Verhältnisse herbei zu führen, werden nun vielerlei Vorschläge gemacht.

Der Eine meint durch Hebung der Frömmigkeit und Vertreibung des Egoismusses dem Uebel abzuhelfen: ein Anderer meint, es seien zu viel Menschen, nur ein tüchtiger Krieg könne helfen; ein Dritter hält die Erhöhung der Zölle für wünschenswerth; ein Vierter die Aufhebung der Zölle: ein Fünfter glaubt in der Währungsfrage liege das Uebel: die Socialisten verlangen zwar Grund- und Bodenverstaatlichung, doch würden ihre übrigen Forderungen die Freiheit und Handlungsfähigkeit der Menschen derart beschränken, dass auch dieser Zustand kein angenehmer wäre.

Wenn nun einer dieser Vorschläge für ausreichend Hülfbringend gehalten werden sollte und alle Regierungen in dem Sinne des betreffenden angenommenen Vorschlages ihre Thätigkeit entfalteten, wäre damit die Möglichkeit beseitigt, dass die zukünftigen Generationen keine Schulden ihrer Väter antreffen könnten, also nicht, wie heutzutage in die Lage kommen könnten, für die Aufbringung der Staatsschulden, die sie nicht gemacht haben, zu arbeiten, oder viele Quadratmeilen Landes anzutreffen, die das Eigenthum eines einzigen Menschen sind, welcher ihnen nun seine Bedingungen vorschreiben kann?

Diese Möglichkeit ist bei Einführung eines der genannten, sowie auch der anderen aufgetauchten Vorschläge noch immer vorhanden, und da diese Möglichkeit die Ursache eines unbehaglichen, drückenden Zustandes für ganze Völkerschaften sein kann und auch wohl schon ist, so muss man darauf bedacht sein, etwas einzuführen, was auch diese Möglichkeit ausschliesst.

Und dieses Ziel, den späteren Generationen — unseren Nachkommen — gerecht zu werden, kann nur dadurch erreicht werden, dass es für Jedermann zur Unmöglichkeit werde, **Staatspapiere** oder **Grund und Boden** kaufen zu können.

Es ist also. um das gedachte Ziel zu erreichen. unerlässlich, dass der gesammte Grund und Boden dem Staate allein gehöre und der Staat solche Maassregeln ergreife. dass er nie in die Lage kommen kann, Schulden zu machen. d. h. Staatsschuldscheine auszugeben.

Wo soll der Staat das Geld hernehmen, und wie soll er es anfangen sich bei unglücklich ausfallenden Kriegen etc. vor Schulden zu schützen? Das werden nun wohl die meisten der geehrten Leser fragen.

Doch die Beantwortung dieser Frage ist nicht so schwierig. wie es scheint, sie lautet:

Der Staat kommt in den Besitz des gesammten Grund und Boden. mit oder ohne die Gebäude. dadurch. dass er für ca. 1000 Milliarden Mark oder Gulden Staatsschuldscheine mit 2 pCt. verzinslich drucken lässt und mit diesen Papieren den bisherigen Besitzern ihren Grundbesitz nach den heutigen Werthen abkauft.

Den bisherigen Eigenthümern ist damit ihr Eigenthum voll bezahlt, sie sind also gänzlich abgefunden und der Staat ist nun Eigenthümer des gesammten Grund und Bodens seines Reiches.

Nachdem nun aber der durchschnittliche Ertrag des Grund und Bodens ca. $3\frac{1}{2}\,^0/_0$ beträgt. hat durch diesen Tausch der Staat ca. $1\frac{1}{2}\,^0/_0$ Ueberschuss.

Dieser Ueberschuss von $1\frac{1}{2}\,^0/_0$ ist aber so bedeutend. er repräsentirt eine so grosse Summe. dass der Staat hierdurch in die Lage kommt. innerhalb 20 Jahren seine sämmtlichen zweiprozentigen Schuldscheine zurückzulösen. so dass er nach 20 Jahren der faktische Besitzer seines Landes sein wird. Nachdem nun aber der Staat durch diese Besitzveränderung eine bei weitem grössere Einnahme erhält als bisher. ist er in der angenehmen Lage. sämmtliche direkten und indirekten Steuern. die so drückend den kleinen Mann belastet hatten. aufzuheben.

Durch die Aufhebung sämmtlicher Steuern und der Einführung der einen Steuer. tritt nun in der Consumfähigkeit des Volkes die gewünschte Besserung ein.

Wie bedeutend die Besserung sein muss, ermessen wir daraus am besten. wenn wir uns vergegenwärtigen. was ge-

schehen würde, wenn an einem 1. Januar eines der zukünftigen Jahre der Besitzwechsel vollzogen wäre. Glauben Sie,
dass die Fabriksbesitzer, die Inhaber von Handwerksbetrieben,
von Bauplätzen, von landwirthschaftlichen Gütern etc. sofort
ihre Arbeiter entlassen und ihre geschäftliche Thätigkeit einstellen würden?

Ich glaube nicht, alle diese Leute würden einstweilen
weiter arbeiten lassen mit der Absicht, abzuwarten, wie sich
die neuen Verhältnisse gestalten würden.

Die Arbeiter, Handwerker und die Angestellten aller
kaufmännischen Betriebe würden also vorläufig in ihren Stel-
lungen, in ihrer Beschäftigung verbleiben, sie würden aber
sofort die Wirkung der aufgehobenen Steuern in bedeutendem
Maasse verspüren, denn, nachdem plötzlich sämmtliche Lebens-
mittel und viele Industrie-Artikel bedeutend niedriger im Preise
zu stehen kommen, wird ein Jeder von diesen Leuten, welche
doch die grosse Masse des Volkes ausmachen, eine Summe
Geldes erübrigt haben, für welche er gewiss unverzüglich Gegenstände einkaufen wird, welche zu besitzen bereits vorher
die Nothwendigkeit erheischte.

Die grosse Summe der direkten und indirekten Steuern,
bisher hauptsächlich von dem kleinen Manne, der grossen
Masse des Volkes aufgebracht, fliesst also sofort der
Industrie zu und diese wird plötzlich eine so starke Nachfrage
nach allen möglichen Bedarfsartikeln verspüren, dass alle
Fabriken und Gewerke alle Hände voll zu thun bekommen
würden.

Die Regierung, welche durch den Ausfall der Steuern
ihren ersten Jahresbedarf durch Ausgabe neuer Banknoten
decken könnte, zieht nun nach Verlauf des Jahres oder des
ersten halben Jahres, von den Pächtern ihres Bodens, den
Hausbesitzern, Fabrikanten, Landwirthen etc., die entsprechende
Pacht ein; so dass sie nun, in dem Besitz der ersten 1 $1/_3$ Prozent des gesammten Bodenwerthes sich befindend, über eine
Summe verfügen müsste, welche die bisherige Jahreseinnahme
um das Mehrfache übersteigen dürfte.

Anstatt jedoch nun die ganze überflüssige Summe zur
Rücklösung der Staats-Schuldscheine zu verwenden, müsste
die Regierung zunächst ihren Geldüberfluss dazu benutzen,

um grössere Bauten und Landverbesserungen, die sie bisher wegen Geldmangel nicht hat ausführen können, unvorzüglich in Angriff zu nehmen, und da die Regierung von nun ab bedeutend höhere Löhne zu zahlen im Stande ist, und es sich empfiehlt, dass sie es auch thue, so werden nunmehr nicht allein alle beschäftigungslosen Arbeiter genügende Beschäftigung finden, sondern von den in der Industrie beschäftigten Leuten werden diejenigen, welche bisher schlecht bezahlt waren, den, von der Regierung angebotenen höheren Löhnen zustreben.

Die Industrie, die aber jetzt mehr Arbeiter braucht als vorher, ist nun gezwungen, den Arbeitern höhere Löhne zu zahlen, da sich die bisherige Situation, in welcher die Arbeiter um Minimallöhne mit einander konkurriren mussten, zu Gunsten der Arbeiter vollkommen geändert hat.

Es ist auf diese Weise die Consumfähigkeit des Volkes hergestellt, und dieses, nicht allein, dass es seine Arbeit besser bezahlt bekommt, also eine höhere Einnahme hat, lebt nun auch noch durch den Fortfall sämmtlicher Steuern bedeutend billiger und wird, wie anzunehmen ist, in Folge dessen die grosse Summe der erzielten Ueberschüsse nun sicherlich zur Verbesserung der Lebenslage verausgaben, wodurch der Industrie, dem Handel die erforderlichen Abnehmer für die hervorgebrachten Gegenstände geschaffen sind, so dass die Kräfte, die sich in letzter Zeit auf beiden Seiten ziemlich unthätig gegenüber standen, nunmehr ausgelöst sind.

Es werden also nicht allein die Arbeiter den wohlthätigen Einfluss spüren, sondern auch die Fabrikanten und Unternehmer, welche durch die Zunahme der Geschäfte einen grösseren Gewinn erzielen und deshalb auch die zu zahlende Grundsteuer nicht als eine höhere Belastung ansehen werden. Wenn also hierdurch die besitzende Classe voraussichtlich keinen Grund zur Klage haben wird, so werden ihre bisherigen Vortheile doch auf andere Weise bedeutend beschränkt und zwar einerseits dadurch, dass der allmählig steigende Werth des Bodens nicht mehr ihnen, sondern der Gesammtheit zu Gute kommt und andererseits dadurch, dass die durch industrielle oder spekulative Thätigkeit gewonnenen Reichthümer nicht mehr die sichere Anlagemöglichkeit in Staatspapieren erhalten können.

Ein Unrecht geschieht durch Aufhebung dieser Vortheile nicht und brauchen wir uns nur, um dieses einzusehen, zu vergegenwärtigen, wie diese Vortheile entstanden sind.

Denken wir uns, dass eine Familie der Heimath den Rücken kehre also auswandert, und sich in gänzlich unbewohnter Gegend ein Stück Land kauft, welches natürlich bedeutend niedriger im Preise steht als der Boden der verlassenen, dicht bevölkerten Heimath.

So lange die Familie dort allein ohne Nachbaren lebt, benutzt sie die Bodenerzeugnisse nur für sich, da der Transport und die Verwerthung nach auswärts zu theuer und kostspielig ist.

Nach einiger Zeit siedelt sich in ihrer Nähe ein Nachbar an, dem nach und nach noch einige Ansiedler folgen und steigt dem zu Folge der Preis des Bodens, da nun Gelegenheit zum Austausch und durch gemeinsames Wirken eine Transportgelegenheit in's Nachbarland geschaffen ist.

Der Zuzug neuer Ansiedler wird immer stärker, es entstehen ringsherum kleine Dörfer, während die Grundstücke der ersten Ansiedler dort liegen, wo man eine Kirche, ein Theater etc. baut, so dass der erst entstandene Ort jetzt die Benennung einer Stadt erhält.

In der Stadt ist der Werth des Bodens nun bedeutend gestiegen, so dass der erste Ansiedler im Laufe der Jahre zu einem reichen Mann geworden ist.

Wie ist nun der Reichthum dieses Mannes, des ersten Ansiedlers entstanden? Ist er die Folge der Anstrengung und Thätigkeit des Ansiedlers? Nein! Denn die Steigerung des Bodenwerthes ist durch sämmtliche Ansiedler hervorgerufen, je mehr Leute herzugezogen sind, desto mehr Werth bekam der Boden, ein Jeder der Zugezogenen hat also mit seiner Ankunft zu dem ursprünglichen Werthe des Bodens etwas hinzugelegt, so dass der Gesammtheit auch der Betrag der Steigerung zufallen sollte.

Bisher hat aber die Gesammtheit den ihr gehörenden Antheil nicht bekommen, sondern der frühzeitige Käufer oder Länderspekulant, der den ganzen Vortheil allein einsteckt und sich die Benutzung des Bodens von den später gekommenen Leuten recht hoch bezahlen lässt.

Die Gutsbesitzer klagen allerdings darüber, dass sie nur 2—3 % Zinsen von ihrem Besitz erhalten, sie ziehen dabei aber die Steigerung des Bodenwerthes, also die allmählige Verdoppellung ihres Vermögens nicht in Betracht und berechnen ihr Einkommen von 2—3 % nach vielleicht 20 Jahren von einer doppelt so grossen Vermögenssumme als vorher, anstatt die frühere Werthsumme festzuhalten und dafür nach und nach eine höhere Zinsen-Einnahme zu konstatiren.

Michael Flürschheim schreibt darüber in seiner vortrefflichen Darstellung in

„Auf friedlichem Wege",

ein Vorschlag zur Lösung der socialen Frage, Seite 67:

„Dieses Wachsthum der Grundrente ist in gegenwärtiger Zeit ein ganz kolossales. Es beträgt für landwirthschaftliche Grundwerthe mindestens zwei Prozent durchschnittlich per Jahr, so dass, wenn wir die Durchschnittseinnahme eines gewissen Zeitraums nehmen, bei zu drei Prozent kapitalisirter Rente, doch mindestens fünf Prozent Zinsen vom Kapital gemacht werden, während in weniger sicherer Weise die anscheinend höheren Anlagen in Handel und Industrie nur vier bis fünf Prozent ergeben.

Mag auch zu gewissen Zeiten und in gewissen Gegenden ein Stehenbleiben und sogar ein Rückgang in den ländlichen Grundwerthen stattfinden, so wird dies durch entsprechend rascheres Steigen zu anderen Zeiten ausgeglichen, so dass in grossen Zeitabschnitten stets eine entsprechende Zunahme stattfindet.

Auch die Wellen des Ozeans weichen zurück und die folgende Welle erreicht oft nicht die vorhergehende, aber trotzdem steigt die Fluth ständig und sicher. Da das Steigen der Grundrente unbedingt eine Vermehrung des Nettoerträgnisses voraussetzt, so sind alle gegentheiligen Behauptungen in Bezug des letzteren damit schon wiederlegt.

Es ist freilich richtig, dass durch die amerikanische Konkurrenz gewisse Bodenerzeugnisse sehr billig geworden sind, aber dafür sind andere im Werthe gestiegen und den höheren Löhnen und Lasten stehen die Ersparnisse und Gewinne gegenüber, welche durch Maschinentechnik und Chemie entstanden sind.

Nach den Veröffentlichungen des „System der Land-
verpachtung". des Cobden-Club hat sich die Grundrente in Deutschland. Belgien und Frankreich in den
letzten 30 Jahren verdoppelt.

In England hat sie sich nach den Berichten des Board
of Inland Revenue in 65 Jahren beinahe verdreifacht und
die Domönenpachten in Preussen sind nach dem im Abge-
ordnetenhause gegebenen Berichte in 35 Jahren um das
Dreifache gestiegen In städtischen und Bergwerksgrund-
werthen ist das Wachsthum der Rente noch viel bedeutender.

Wenn nun also für die Folge der Nutzen der Steigerung
des Bodenwerthes der Gesammtheit zu Gute kommt. so ist
hierin kein Unrecht zu erblicken. denn die Gesammtheit, die
veränderten Verhältnisse haben die Werthe geschaffen und
nicht die einzelnen Besitzer des Bodens.

Es wird gewiss mancher noch den Einwurf machen. dass
die Aufhebung des Privatbesitzes von Grund und Boden zu sehr
unsere Freiheit beeinflusse. indem wir gezwungen würden.
dasjenige. was uns unverkäuflich erschienen. die liebe heimathliche Stätte. auf welcher die Grosseltern und Eltern glückliche Jahre verlebt haben, an der auch unsere liebste Erinnerung verknüpft ist und welche auch unseren Kindern und
Kindeskindern ein sicheres Heim bieten soll, dem Staate zu
verkaufen, um dann nur noch gepachtetes Land bewohnen und
benützen zu können.

Gegen den Privatbesitz von Grund und Boden wäre ja
auch nichts einzuwenden. wenn dieses nicht gleichzeitig die Ursache wäre, dass es anderen Leuten dafür desto schlechter
erginge. die. zu Folge ihrer zunehmenden Consums-Unfähig-
keit dazu beitragen. dass uns die schuldenfreie Erhaltung des
Grundstückes nicht leicht wird, da die hohe Besteuerung aller
Bedarfs-Artikel. sowie die hohe Besteuerung unseres Grundstückes uns keine Ersparnisse mehr machen lassen.

Was hat es den vielen Bauern in Pommern. Mecklenburg, Hessen etc. genutzt, dass ihre Grosseltern und Eltern
ein schuldenfreies Grundstück besessen haben?

Die Verhältnisse sind eben von Jahr zu Jahr schlechter
geworden. Schulden müssen aufgenommen und schliesslich das

theure heimathliche Stück Land verkauft und verlassen werden.

Den vielen tausenden von Landleuten ist in diesem Falle der Besitz eines eigenen Stück Landes, nachdem die Verhältnisse ihnen dasselbe entrissen haben. zu einer Quelle des Leidens geworden. Ihnen wäre die Auswanderung oder das Ergreifen einer anderen Beschäftigung. wenn sie vorher keine heimathliche Scholle besässen hätten, viel leichter geworden.

Man braucht nur einmal die Statistik nachzusehen. um zu bemerken, wie bedeutend die Zahl der kleineren Bauernhöfe zusammenschmilzt und dagegen der Grossgundbesitz wächst.

Flürschheim bringt in seinem Werke eingehende Uebersichten und erwähne ich daraus nur. dass von 12.000 Bauernhöfen, welche früher in Mecklenburg vorhanden waren. jetzt nur noch ca. 1.200 vorhanden sind.

Was nützt uns also die theure heimathliche Scholle. wenn Noth, Geschäftslosigkeit und Theuerung uns hinaus treiben. Ist es da nicht viel besser etwas Abgaben an den Staat zu zahlen, um desto sicherer. bei genügender Arbeitsgelegenheit und unter guten Verhältnissen. eine Wohnstätte die einem Niemand entreissen kann. sein eigen nennen zu können, da nicht einmal der Staat unwillkürlich zu kündigen das Recht hätte.

Es ist selbstverständlich. dass die Pacht des Bodens auf dem Lande, von derjenigen in der Nähe einer Stadt und schliesslich in einer Stadt selbst sehr verschieden sein wird und sein muss und zwar so sehr verschieden, dass mit grösster Bestimmtheit anzunehmen ist. dass die Bauern und Landwirthe nicht so viel an Pacht zu zahlen haben werden. als die Summe der jetzt von ihnen zu zahlenden direkten und indirekten Steuern ausmacht. während die Pächter dicht bewohnten Landes zu einer höheren Besteuerung als jetzt kommen würden.

Ich habe nicht die Absicht mich über diesen Gegenstand näher einzulassen und verweise diejenigen, welche sich zu orientiren wünschen auf die Werke von Henry George „Fortschritt und Armuth“ und von Michael Flürschheim „Auf friedlichem Wege“.

Wenn also die Annahme richtig erscheint, dass der Ge-

sammtheit der Menschen durch die Boden-Verstaatlichung ein
Vortheil erwachse und es als richtig erscheint, dass der gesammten Menschheit der Nutzen der Steigerung des Bodenwerthes zukomme, so geschieht dadurch kein Unrecht, wenn
ein Jeder zu dem Verkauf seines Grundes gezwungen wird
und den besitzenden Classen nunmehr die Möglichkeit genommen ist, die Steigerung des Bodenwerthes für sich allein aus-
zunutzen.

Ein anderer Nachtheil, welcher sich der besitzenden Classe
fühlbar machen müsste, bestände darin, dass man die erworbenen
Reichthümer nicht mehr in sicheren Staatspapieren anlegen
könnte.

Man vergegenwärtige sich nur, was die reichen Banquiers,
Aktionäre und Rentiers mit ihrem jährlichen Ueberschuss von
50, 60, 100.000 Mark und noch mehr anfangen würden, wenn
kein Grundbesitz und keine Staatspapiere mehr zu haben wären.
Diese Leute würden vermuthlich zunächst Häuser bauen, doch
würde bald ein solcher Ueberfluss an Gebäuden vorhanden
sein, dass trotz der denkbarst niedrigsten Miethen viele Gebäude leer stehen würden.

Die Vermögen besitzenden Leute hätten dann also keine
andere Wahl, als entweder neue Unternehmungen in's Leben
zu rufen, oder ihr Capital in Ruhe zu geniessen, d. h. allmählig zu verzehren, denn auch für Hypotheken-Anlehen oder
verzinsliche Baar-Vorschüsse würde vermuthlich nicht mehr
als ¼ oder ½ Prozent gegeben, da durch den Geld-Ueber-
fluss der Zinsfuss bedeutend sinken müsste. Flürscheim schreibt
über die Kapitalzunahme und dessen Verhältniss zu der Arbeiterschaft, Seite 291:

„Der Zins fällt stetig und schnell, denn keine Hypo-
thek, kein sicheres Grund- und Bodenpapier, keine Staats-
schuldverschreibung sichert dem Kapital eine gute Anlagemöglichkeit.

Handel und Industrie bleiben das einzige Anlage-
mittel und in wachsendem Angebot wird sich das Kapital
ihnen darbieten. Diesem, in riesigen Verhältniss wachsenden
Kapitalangebot steht eine sich nur mässig mehrende
Arbeiterzahl gegenüber; denn wenn auch die wachsende
Rentabilität der Arbeit und der sich dadurch mehrende

Konsum, die Arbeitsgelegenheiten ständig mehren. und dadurch mehr und mehr, jetzt unproduktive Kräfte, der Arbeit zuführen. so erhöhen solche auf der anderen Seite auch die Zahl der Arbeiter, welche sich ganz oder theilweise von der Arbeit zurückziehen, um von ihren Einkünften zu leben.

Auch werden solche nicht mehr ihre volle Zeit der Arbeit zuwenden, sondern bei abnehmender täglicher Arbeitszeit. ein zunehmendes Quantum Zeit für eigene Bildung und Vergnügen verwenden können.

Wir werden dann nicht nöthig haben, Normalarbeitstage vorzuschlagen. diese ergeben sich gewissermassen von selbst, und zwar mit einer durchschnittlich weit geringeren Arbeitsdauer. als die kürzesten jetzt vorgeschlagenen.

Ein Theil der Arbeitskraft, die auf einer Seite zufliesst, wird also auf der anderen wieder abfliessen und die Zunahme des Arbeitsangebots wird auch nicht annähernd Schritt halten mit der Zunahme des Kapitalangebots. Die Folge muss naturgemäss ein Fallen des Zinsfusses und ein Steigen der Löhne sein.

Hierdurch wird es dem Arbeiter leicht, gegen geringe Abgabe so viel Kapital zu bekommen, wie er zur Verwerthung seiner Arbeitskraft braucht und andererseits muss der kapitalistische Unternehmer. der zur Verwendung seines Kapitals fremde Arbeit miethen will. sehr hohe Löhne zahlen; denn seinem Kapital fällt wegen der grossen Anzahl gleich situirter, mit ihm im Arbeitsmarkt konkurrirender Unternehmer nur ein sehr geringer Antheil des erzielten Produktes zu, den Haupttheil bekommt die von allen gesuchte Arbeit.

Hierdurch steigt aber in hohem Maasse die Konsumfähigkeit der Arbeiter, welche die Masse des Volkes bilden, und hierdurch wieder der Konsum. Dieser erhöht den Absatz, welcher seinerseits die Produktion und eben dadurch die Arbeitsgelegenheit, die Nachfrage nach Arbeit vermehrt.

Auch die landwirthschaftliche Produktion wird aus den gleichen Ursachen eine Umwandlung erleiden. Durch das

Bedürfniss nach Arbeitern und durch deren hohe Bezahlung wird sich auch bei dieser der richtige Ausgleich zwischen Angebot und Nachfrage von selbst ergeben. Es werden nur noch so viel Arbeiter ihre Kraft und Zeit der Landwirthschaft widmen, als dabei rentable Beschäftigung finden: denn, wenn sie darin nicht mindestens das Gleiche verdienen können, was der in der Industrie beschäftigte Arbeiter einnimmt, so werden sie und ihre Kinder sich letzterer zuwenden. Wie aber soll's kommen, wie kann ein Landwirth bestehen, wenn er heute schon bei billigen Arbeitslöhnen über seine Nothlage jammert? Bei Beantwortung dieser natürlichen Frage müssen wir uns vor allem vergegenwärtigen, dass sich auch andere Zustände innerhalb der Landwirthschaft durch die Grund- und Bodenreform wesentlich ändern würden, und wenn wir die zukünftige Lage des Landwirths beurtheilen wollen, dürfen wir nicht einseitig lediglich die höheren Löhne in's Auge fassen, sondern müssen auch jenen anderen Verhältnissen die nöthige Aufmerksamkeit schenken. Vor Allem wird sich unter den neuen Verhältnissen nach und nach eine ganz andere Grund- und Bodenvertheilung ergeben. Betrachten wir zuerst einmal das Wichtigste, die Verhältnisse des kleinen Landwirths: die weitaus grösste Zahl der Betriebe fällt ja in diese Kategorie.

Die zum richtigen Betriebe nöthige Verkoppelung der zerstreuten Felder, die zu einer einzelnen Wirthschaft gehören, lässt sich mit Leichtigkeit erreichen, wo der Staat der Eigenthümer ist, während unter heutigen Verhältnissen das erklärliche Misstrauen der Bauern und ihre Anhänglichkeit an die von den Vätern ererbten Grundstücke, überaus viele Schwierigkeiten machen. (Siehe Roscher's Nationalökonomie des Ackerbaues, Seite 262). Auch werden diese einmal verkoppelten Grundstücke nicht wieder in kleine Theile zerfallen, wie dies jetzt bei Privateigenthum durch Vererbung der Fall ist, denn die Pacht ginge immer nur auf einen der Erben ungetheilt über. Die Grösse der zu bewirthschaftenden Grundstücke würde sich von selbst nach dem zur guten Ernährung der Familie, und zur reichlichen Lohnung der darauf verwendeten

Arbeit nöthigen Bodenquantum reguliren. und würde je nach Verhältniss eine verschiedene werden.

Die überzählige Bevölkerung würde in minder bevölkerte Distrikte auswandern. oder sich dem Gewerbebetrieb zuwenden. Der riesig wachsende Industrie- und Gewerbetrieb. der sich über das ganze Land vertheilen und nicht in den Städten anhäufen würde. müsste das Letztere erleichtern. Ein jeder dieser auf dem Lande bestehenden Gewerbebetriebe wird Arbeitern lohnende Bezahlung bieten, die hierfür eine Menge von landwirthschaftlichen Produkten verbrauchen werden, welche sie sich bis jetzt nicht verschaffen konnten.

Dieselbe Familie. die bis jetzt froh sein muss, das nöthige Quantum Kartoffeln, Mehl und allenfalls etwas Speck zur Leibesnothdurft und Nahrung erwerben zu können, wird dann ein gehöriges Bedürfniss nach Artikeln, welche heute nur die besser Situirten erlangen können. empfinden. der Bedarf darin wird ein so riesig zunehmender. dass ein ziemlich bedeutender Theil der kleineren Landwirthe. den jetzt der schlecht lohnende Kartoffel- oder Getreidebau in Anspruch nimmt. sich dieser rentableren Produktion zuwenden wird. Sie werden es rentabler finden, ihren eigenen Bedarf an Getreide zu kaufen. statt ihn selbst zu bauen. und werden durch die besser zahlende Obst- und Gemüseproduktion. sowie durch Milch-. Butter- und Mastwirthschaft eine weit grössere Einnahme bei gleicher Arbeitsleistung erzielen.

Die gewerblichen Arbeiter selbst werden übrigens ebenfalls kleine Komplexe pachten und die Gartenwirthschaft von ihren Familien besorgen lassen. um dadurch ihre Einnahmen zu vermehren. Ausserdem werden sich die kleineren Landwirthe mehr als bis jetzt dem Anbau von Handelsgewächsen zuwenden. welche einen intensiveren Betrieb gestatten, d. h. eine vortheilhaftere Ausnützung der Arbeitskraft auf verhältnissmässig kleiner Fläche. z. B. dem Tabaks-. Hopfen- und Flachsbau etc. Der Absatz dieser Rohstoffe wird bei höheren Preisen, mit der wachsenden Produktion und der wachsenden Kauffähigkeit des Volkes entsprechend steigen.

Hierdurch wird der Bauer, der bei der Landwirthschaft geblieben ist, sich gleich hohe Löhne in seiner Wirthschaft verdienen können wie sein Nachbar, der sich ganz oder theilweise der Industrie zugewendet hat.

Vor Allem ist er heute Arbeiter, ehe er Grundbesitzer ist. Seine wirthschaftliche Lage ist heute schlecht, nicht weil sein Grundbesitz ihm zu geringe Rente einbringt, sondern weil ihm seine Arbeit zu schlecht bezahlt wird. Wenn durch die Grund- und Bodenreform sogar nur seine Arbeitskraft einen viel höheren Lohn erzielte wie heute, käme er immer noch besser weg, und wenn ihm sogar sein Grundbesitz ohne Entschädigung konfiszirt würde. Da ihm aber dieser obendrein noch zum vollen Werth bezahlt wird, und da die Pacht, die er dem Staate zahlt, nicht soviel, jedenfalls aber nicht mehr ausmacht, wie heute seine Hypothekenzinsen, seine direkten und besonders seine indirekten Steuern; da ferner das vom Staate gezahlte Geld und der billige Zinsfuss ihm leicht das nöthige Betriebskapital verschaffen, um seine Wirthschaft mit voller Intensivität betreiben zu können, oder wenn er sich der Industrie zugewendet, so wird seine Lage in jeder Beziehung besser wie heute".

So schreibt Flürschheim.

Wer nun glauben sollte, dass solche durchgreifenden Maasregeln nicht nöthig sind, dem halte ich entgegen, dass die Einführung der Dampfkraft und die Massenproduktion durch Maschinen in unsere Erwerbsverhältnisse einen solchen Umschwung gebracht haben, wie ein solcher seit der historisch weltgeschichtlichen Zeit, die wir zu überblicken vermögen, nie zuvor dagewesen ist.

Die Einführung der Dampfkraft und die Uebernahme eines grossen Theils der Arbeit durch die Maschinen theilt die Erwerbsverhältnisse der Menschen in zwei gänzlich von einander sich unterscheidende Perioden.

Bis zur Einführung der Dampfkraft war für einen Jeden, der arbeiten wollte, der Tisch gedeckt, nach der Einführung der Dampfkraft, der Maschinenarbeit, fallen nur noch Brocken vom gedeckten Tisch, die aber auch von Jahr zu Jahr kleiner werden.

Die Wirkung der Maschinenarbeit liegt eben darin, dass man die Masse der Arbeiter nur noch als Consument brauchen kann, aber als Produzent nicht mehr an den gedeckten Tisch heran lässt, da die Maschine den grösseren Theil der Arbeit auf sich genommen hat.

Dieses sind die grossen, noch niemals seit der historisch weltgeschichtlichen Zeit vorgekommenen Veränderungen auf dem Gebiete der Erwerbsverhältnisse; solchen Veränderungen und solchen Wirkungen gegenüber ist man gezwungen, Gesetze und Neueinrichtungen zu schaffen, welche in ihren Wirkungen den Wirkungen der Maschinen gegenüber gleich gross und eingreifend sind.

Alle Maassregeln von kleinerer Wirkung können eine Heilung nicht herbeiführen, sie sind mit den Anordnungen eines Arztes zu vergleichen, der den Patienten für unheilbar haltend, die Krankheit nur in die Länge zu ziehen trachtet.

Dass nach Einführung der Grund- und Bodenverstaatlichung keine derartigen Riesenvermögen, wie sie heute existiren, haltbar und erreichbar sind, ist doch kein Unglück, wenn man bedenkt, dass diese Summen als Nationalvermögen hingestellt, diesem Namen nicht einmal zur Ehre gereichen, da sie nur zu Nutzen einiger Personen vorhanden sind und der Nation nur unter gewissen Umständen einen Nutzen bringen können, meistens aber für die Nation in ihrer Wirkung von keinem Vortheil sind.

Dass die Erkenntniss der Nothwendigkeit dieser Maass-regel im Volke bereits Wurzel zu fassen beginnt, beweisen die in Berlin und anderen Städten Deutschland's unter dem Namen „Deutsche Landliga" gegründeten Vereine, welche die Verstaatlichung des Grund und Bodens anstrebend, mehr und mehr Anhang und Mitglieder gewinnen.

Ich bin nun mit meiner Darstellung der Ursachen der Nothlage, der zu ergreifenden Mittel und ihrer Wirkungen fertig und bemerke nun nochmals, dass ich nicht behaupten will, das absolut Richtige getroffen und vorgeschlagen zu haben, sondern, dass ich nur dasjenige niedergeschrieben habe, was ich nach langjähriger Prüfung für das einzig Richtige halte, und dass mich nur die Absicht zur Abfassung dieses Artikels geleitet hat, zum Studium und zum Nachdenken über diese wichtige Frage anzuregen. Dass die Gesetzgebung, die Zusammensetzung des Parlaments späterhin kein Hinderniss sein wird, dafür garantirt der jährliche zunehmende Druck von unten und die stetig zunehmende Einsicht der Wähler.

Wer über Religion schreibt, berührt allerdings schon indirekt die sociale Frage. indem in allen Religionen entweder zur Duldung oder zum Widerstande gegen das uns bedrängende Ungemach aufgefordert wird.

Unsere bisherige Religion hat von uns unbedingte Demuth und Unterwerfung gefordert. und ist es diesem Umstande wohl zuzuschreiben. dass die Leute in den Landstädtchen und Dörfern so wenig Energie zur Erwerbung einer selbstständigen Denkungsart, so wenig Verlangen nach Erkenntniss der Natur und Erkenntniss ihrer Stellung. ihrer socialen Lage im Staate, geäussert haben und theils noch äussern.

In geradem Gegensatz zu diesen. drängen sich die Anhänger der modernen Religion. die Anhänger des Unglaubens. denen man ja eine Religion nicht absprechen kann. denn sie haben einen Glauben und zwar einen Glauben an Nichts. im Gegensatz zu Obigen. drängen sich diese also zur Erwerbung der oben erwähnten Kenntnisse und Einsichten herzu, weil sie zu Folge ihres Glauben an Nichts. einen lebhafteren Wunsch als die Andersgläubigen erhalten. sich mittelst ihrer erworbenen Kenntnisse möglichst viele von den Genüssen dieses Lebens zu verschaffen.

Wie die Erfahrung aber lehrt. ist das Erhaschen von Glücksgütern noch nicht identisch mit dem erreichten Glück. wie ein näherer Einblick in die Familienverhältnisse des grossstädtischen Lebens zur Genüge zeigt. und ist man wohl berechtigt. zu behaupten, dass plötzlich gewonnenes Geld den Charakter des Menschen eher verschlechtert als verbessert.

Um letzteres einzusehen braucht man sich nur zu vergegenwärtigen, welche Wirkung eintreten müsste. wenn 100 Familien aus dem Arbeiterstande. namentlich. wenn sie dem modernen Glauben an Nichts huldigen sollten. eine jede von ihnen 200.000 Mark gewönnen.

Diese Leute. die vorher kameradschaftlich. mittheilsam und bescheiden in ihrem Umgange mit ihresgleichen waren. werden sich bald von dem früheren Umgangskreise zurückgezogen haben. nur sich selbst kennen. nur sich allein pflegen und bei den Landtags- und Reichstagswahlen nur den Leuten ihre Stimme geben. die eher dem Grosskapital als dem Arbeiterstande ihre Unterstützung und Hülfe bringenden Gedanken zuwenden.

Mit vielleicht wenig Ausnahmen werden nach ca. 20 Jahren diese neu gebackenen Kapitalisten nur für die Hebung ihrer individuellen Stellung eintreten und ganz vergessen haben. dass sie vor 20 Jahren für Einrichtungen und Maassnahmen eingetreten waren. welche eine Hebung des a l l g e m e i n e n Wohles bezweckt hatten.

Wie ganz anders würde sich aber die Wirkung im socialen Leben gestalten. wenn weder Demuth und Unterwerfung noch das egoistische „Selber essen macht fett" als die Grundlage der Ideale unseres Volkes existir'e. welch Letzteres jetzt in diese zwei Extreme getheilt. aus diesen die Triebfedern zu seiner moralischen Haltung entnimmt.

Wie ganz anders würde die Wirkung sich im socialen Leben gestalten. wenn durch die Einsicht die Landleute zur Energie. zum Streben nach Selbstständigkeit. zur Gegenwehr gegen Unrecht und Ungemach heran gebildet würden. und die über das Ziel hinaus geschossenen Anhänger des Glaubens an Nichts, zur Einsicht in ihren Irrthum und zur Rückgewinnung ihres verloren gegangenen Ideals bestimmt werden könnten.

Nach dieser kurzen Besprechung der socialen Frage komme ich jetzt zum Schluss noch einmal auf die am Anfange meiner Abhandlung geschriebenen Worte zurück. dass das Streben nach Verbesserung seiner Lage die bedeutendste und vielleicht auch einzige Triebfeder aller unserer Handlungen sei. und bemerke hierzu. dass dieses Bestreben. im Grunde genommen egoistisch. die Stelle des Idealismusses nunmehr eingenommen habe.

Da aber ungebildete Menschen mit geringem Schönheitssinn die guten Thaten gebildeter Menschen nach wie vor bemerken werden und deren Handlungsweise für sie unbegreiflich. also auch leichthin ideal erscheint. so beibt demnach dasjenige. was wir unter dem Begriff Idealismus zu verstehen gewohnt sind. nicht allein für hoch. sondern auch für minder gebildete Menschen bestehen.

Diese Betrachtung führt nun noch zu der Frage, was wir unter Moral zu verstehen haben, und wo der Ursprung des moralischen Gefühls, das Gewissen, zu suchen sei. Nachdem ich die Natur einheitlich auffasse und mit dem Darwinismus vollkommen harmonire, so darf ich nicht annehmen, dass Gott die Menschen separat geschaffen und ihnen das Gewissen und das Gefühl für die Moral besonders eingegeben habe, sondern bin nun gezwungen anzunehmen, dass auch die Geistesgaben „Gewissen und Moralerkenntniss" wie alles Uebrige, sich wachsthumartig aus vorangegangenen Zuständen entwickelt habe.

Wenn uns nun auch keine Wesen, welche die Verbindungsglieder zwischen Thier und Mensch veranschaulichen liessen, zur Verfügung stehen, und wir uns also an die uns bekannte Thierwelt halten müssen, so dürfte dieses vielleicht für unseren Zweck auch genügen.

Bei Beobachtung der thierischen Lebensgewohnheiten fällt uns nun zunächst auf, wie auffassungsfähig manche Thiere sind, wie dieselben durch diese ihre Eigenschaft in den Stand gesetzt werden, Erlaubtes von Unerlaubtem zu unterscheiden, und durch ihr Benehmen verrathen, dass sie sich der Aufführung des Unerlaubten auch bewusst sind, also ihr Gewissen beschwert fühlen, wenn sie gegen ein Gebot gehandelt haben; sowie anderentheils eine freudige Erregung an den Tag zu legen im Stande sind, wenn sie vermeintlich Gutes, d. h. ihrem Herrn Wohlgefälliges vollbracht haben. Kommt nun noch, wie namentlich bei manchen Hunden und Pferden, eine ausgeprägte Anhänglichkeit und Treue zu dem Herrn, sowie eine ebenso häufige Neigung zur Gutmüthigkeit hinzu, so können wir wohl behaupten, dass solche Thiere zuweilen mehr Moral besitzen als ihre ihnen an Geist überlegenen, aber häufig genug moralisch sehr tief stehenden Besitzer.

Die Gerechtigkeitsidee in unserer christlich religiösen Auffassung umfasst nun wohl auch die moralisch auf tiefster Stufe stehenden Menschen, für die ehrlichen, treuen und häufig während der ganzen Lebenszeit gequälten Thiere ist jedoch in der Religionsidee nicht gesorgt, obgleich diese Thiere häufig eher eine Belohnung verdient hätten als ihre Besitzer.

Es ist also wohl erlaubt und der Gerechtigkeitsidee ent-

sprechend. anzunehmen. dass sich die geistigen Eigenschaften
der Thiere (die Seele) ebensowenig wie diejenigen der Menschen
nach dem Ableben des Körpers verflüchten. sondern neue Verbindungen eingehend sich so lange verfeinern und vervoll-
kommen bis sie den unzerstörbar geistigen Grad der Menschheit erreicht haben.

Durch diese Annahme der Möglichkeit der Entwicklung
der Thierwesen zu höheren Wesen bekommen wir nun eine
Erklärung für die Thatsache. dass Kinder von rechtlichen
gutmüthigen Eltern zuweilen bereits im zartesten Alter eine
ausgeprägte Bösartigkeit zeigen. und wiederum Kinder von
bösartigen. schlecht handelnden Eltern. von zartester Kindheit
an häufig eine ausgeprägte Gutherzigkeit zeigen. die ihnen.
unter fortwährend schlechten Beispielen aufgezogen. auch bleibt.

Wenn wir daher den entwickelten Charakter eines
erwachsenen Menschen beurtheilen. und feststellen wollen.
wodurch die Charakterbildung erzielt worden ist. so hat wohl
die Annahme die grösste Berechtigung. dass nicht allein die
Erziehung. also die Einwirkung von aussen. sondern auch die
ursprüngliche. d. h. angeborene geistige Qualität, also eine
Einwirkung von innen die bildende Ursache war. so dass wir
nun anzunehmen berechtigt sind. dass je nach dem Grade der
angeborenen geistigen Qualität. sowie der Intensität der Erziehungsmethode gemäss. sich mit den Jahren das Erkenntnissvermögen des heranwachsenden oder alternden Menschen
ändert.

Die äusseren Sinne, das Auge. das Ohr lassen uns die
in den Künsten dargestellte Harmonie. die Schönheit erkennen:
der innere Sinn lässt uns nach und nach erkennen. dass das
Liebenswürdige. Anmuthige. Gütige sowie Gerechtigkeitsliebende
eines sich darstellenden Charakters wünschens- und begehrungs-
werth. somit nachahmungswürdig ist. und wenn demnach ein
heranwachsender oder alternder Mensch trotz der Zunahme der
Erkenntniss seine geistige Qualität nicht verfeinert. oder um
einen gebräuchlichen Ausdruck zu wählen, seinen Charakter
nicht veredelt hat. so geht daraus hervor. dass er moralisch
schlechter geworden ist. da er nun bewusst dasjenige voll-
führt. wogegen sich sein innerer Sinn. welcher die Verletzung
der Schönheit der Harmonie bemerkt. sträubt. während er

früher dieselbe Handlung zu Folge seines damals geringeren Erkenntnissvermögens für sittlich erlaubt hielt.

Dieser Kampf zwischen der niederen Neigung und dem, die Verletzung erkennenden inneren Sinn, nennt man Gewissensbisse, moralische Bedenken, und besteht somit das Gewissen selbst aus nichts anderem als aus dem Erkenntnissvermögen, welches sich jedesmal bei moralisch schlechten Handlungen sträubt, gegen die eigene Erkenntniss, gegen das eigene Gefühl, gegen den eigenen Schönheitssinn verletzend vorzugehen.

Und da nun das Erkenntnissvermögen der Verschiedenheit der menschlichen Individuen gemäss ebenfalls sehr verschieden sein kann, so ist es hieraus erklärlich, weshalb alle Menschen ein von einander verschiedenes, jenachdem schwaches oder starkes Gewissen haben, und warum auch die Moralbegriffe bei allen Völkern andere sind, so dass sogar dasjenige, was bei einem Volke für moralisch gut gehalten wird, bei einem anderen Volke verabscheut und vielleicht sogar bestraft wird.

Die Schriftsteller und Forscher der materialistischen Richtung erklären die Entstehung der Moral und des Gewissens zwar auch auf die ähnliche Weise, wie ich es gethan habe, sie bleiben aber bei diesem Resultate stehn, da sie die individuelle Fortexistenz der Seele leugnen, wodurch sie nun gezwungen sind, obige Moralphilosophie, ob genügend oder nicht genügend, der Menschheit als alleiniges Bildungs- und Erziehungsmittel zu bieten.

Dieses Mittel genügt aber nicht, oder wenigstens nicht früher, bis die Durchschnittsbildung des Volkes so weit gediehen ist, dass man allgemein aus innerer Nöthigung das Bedürfniss fühlt, seinen Mitmenschen zu helfen, bis man allgemein darin eine Verbesserung seiner Lage erblickt, unaufgefordert Gutes zu thun, weil das Unterlassen hülfreicher Handlungen, wie z. B. beim Anblick armer Leute, einem hinterher unbehagliche Gedanken herauf beschwören würde, welcher Missstimmung man durch die erwähnte Handlungsweise zu entgehen trachten würde.

Die grössere Gefahr aber, die bei einem schwachen Erziehungsmittel eintreten würde, ist die sodann zum Vorschein kommende Degeneration, welche uns der Darwinismus lehrt.

dem zu Folge die Individuum sich nicht allein in aufsteigender Linie entwickeln. sondern sich ebenso leicht zurückbilden, wenn ungünstige Verhältnisse der ferneren Entwicklung hindernd in den Weg treten. — so dass wir auch dem zu Folge anzunehmen berechtigt sind. dass eine solche Rückbildung eben so wohl bei der Gesittung. dem Geistesleben. also bei dem Erkenntnissvermögen oder der Moral eines oder aller Völker. wie bei einzelnen Thierfamilien eintreten kann.

Und diese Rückbildung muss bei der Menschheit eintreten. wenn der Haupttriebfeder der sittlichen Hebung, dem Egoismus. also dem Bestreben nach Verbesserung der Lage. keine Rechnung getragen wird.

Der Hinweis auf den Nutzen. den der Einzelne hat. wenn er sein Bemühen auf die Verbesserung der Gesammtlage der Menschheit richtet. ist ja philosophisch und logisch ganz richtig, wird aber bei dem zu erziehenden Volke bei Weitem nicht die Wirkung hervorbringen, wie der Hinweis auf die persönliche Belohnung oder Bestrafung nach dem Tode.

Den gebildeten Menschen genügt allerdings der erstere Hinweis vollkommen! Diese Leute sind aber auch in ihrem Erkenntnissvermögen bereits so weit ausgebildet. dass sie nur und ganz allein zu Folge ihrer inneren geistigen. also Charakterbeschaffenheit das Gute. des guten Willen thun. da ein Verstoss gegen dasselbe gleichbedeutend mit der Zerstörung des eigenen Bildes. gleichbedeutend mit einer Verletzung des eigenen Gefühls wäre.

Nachdem nun aber erst ein ganz kleiner Theil der Menschheit die Höhe dieser Erkenntniss erreicht hat und es auch nicht einmal gewiss ist. ob die Kinder oder späteren Nachkommen dieser wenigen im Charakter gebildeten Leute die Erkenntnisshöhe ihrer Eltern erreichen werden, nachdem ihnen diejenige Triebfeder guter Handlungsweise. welche die Eltern theilweise noch beeinflusst hat. nämlich der Glaube an das Jenseits, genommen ist; nachdem also, ich wiederhole es nochmals. erst verhältnissmässig wenig Menschen die Höhe der Erkenntniss erreicht haben. können wir, wenn wir einer Verrohung der Sitten entgehen wollen. das kräftiger wirkende Erziehungsmittel der Jenseitsidee nicht entbehren.

Und damit uns nun die veralteten Gottesideen einerseits, sowie die Fehlschlüsse aus der Wissenschaft andererseits die Berechtigung des Glaubens an die Fortexistenz unseres Geistes nicht rauben, müssen wir uns bemühen die Uebereinstimmung der Wissenschaft mit der Gottesidee nachzuweisen und uns bemühen, unsere Gottesidee dem Fortschritt der Wissenschaft gemäss zu erhöhen.

Ich hoffe nun, dass dieser Weg oder wenigstens ein Fingerzeig nach diesem Wege, um das letzt genannte Ziel zu erreichen, in vorliegender Schrift gefunden worden ist und schliesse hiermit in der Hoffnung, dass dieses Büchlein dazu beitragen möge recht viele Leser zum Nachdenken über diese wichtigen Gegenstände anzuregen.

E. Uhthoff.

Währing bei Wien, im September 1889.

Nachschrift.

Nachdem vorstehende Abhandlung bereits zum Druck fertig war, ist mir ein Werk zu Händen gekommen, welches dasjenige, was ich über die Beschaffenheit der Materie und über die Möglichkeit der Entstehung des Naturgesetzes gesagt habe, weiter ausführt und äusserst scharfsinnig begründet.

Ich empfehle daher Jedem, der sich für den Inhalt meiner Schrift interessirt und es für möglich hält, dass die Kraft- und Stofflehre von Dr. Ludwig Büchner noch einer Erweiterung, oder sozusagen noch einer Verlängerung fähig ist, von dem Inhalt dieses Werkes Kenntniss zu nehmen.

Das Werk führt den Titel:

„Die geistige Mechanik der Natur.“

Versuch zur Begründung einer antimaterialistischen Naturwissenschaft von Josef Schlesinger, o. ö. Professor an der k. k. Hochschule für Bodencultur in Wien. Leipzig 1888, bei Oswald Mutze. (Preis 5 Mark).

Der Verfasser sagt, dass die Ursache der Bewegung nicht wieder Bewegung sein kann, somit von der Bewegung verschiedenes sein muss, und findet er dieses von der Bewegung Verschiedene in der absolut ruhenden Wesenheit des unendlichen Raumes.

Wir haben somit eine von der Bewegung und Begrenzungsfähigkeit der Körper verschiedene Ursache. Die Entstehung des körperlich Endlichen und der Bewegung erklärt der Verfasser dadurch, dass die absolut ruhende unendliche Raumwesenheit, die immaterielle Ursache aller Erscheinungen, durch eine Selbstbeschränkung diese Erscheinungen hervorgerufen habe

Eine Selbstbeschränkung des Unendlichen ergiebt die Abgrenzung, die Bildung der Flächen, welche das Innere, die immaterielle Ursache umschliessen. und da die Selbstbeschränkung der absolut ruhenden Raumwesenheit nur als ein Willensakt gedacht werden kann. so erscheint das Innere der durch die Selbstbeschränkung entstandenen Körperchen als beschränkte Intelligenz, als eine Kraft. als Bewegung.

Während also die Materialisten annehmen. dass die Materie. wie sie uns jetzt erscheint von Ewigkeit her sei und jedes nicht mehr theilbare Atom die Ursache der Bewegung in sich trage. so dass durch das Zusammenwirken der einzelnen Atome das Leben entstanden sei. durch welche Annahme aber die Schwierigkeit geschaffen ist, nach der Ursache des Zusammenwirkens, also nach der in dem Naturgesetz liegenden Einheit des Wirkens zu fragen. — ist durch die zu Grunde liegende Annahme der absolut ruhenden Raumwesenheit. die Vorstellung der Möglichkeit der Entstehung des Naturgesetzes. unserem Denkvermögen näher geführt.

Während die Materialisten also den Begriff der Ewigkeit und die Entstehung der Einheit der Natur (das Naturgesetz) zu erklären haben. bleibt nach der Auffassung des Herrn Professor Schlesinger nur der Begriff der absolut ruhenden Raumwesenheit. die man als geistlich stofflich. als Intelligenz. als Gottheit auffassen kann. zu erklären übrig. denn nach dieser Annahme bilden sämmtliche volumenhaften untheilbaren Atome, die der Verfasser Kraft-Atome nennt. den Inhalt. den Körper einer Wesenheit. so dass die Bewegungskräfte. welche den Einheitsvolumen inne wohnen. einer Intelligenzanregung ihre Bewegung verdankt haben können.

Wenn wir körperliche. untheilbare Atome untersuchen könnten. so hätten wir weiter nichts als Flächen. das Innere des nicht mehr theilbaren Atoms (worauf es grade ankommt) bliebe uns unbekannt.

Professor Schlesinger fragt nun. was ist das Körperliche? — und sagt — „es ist eine Summe gewisser Eigenschaften. die für verschiedene Grundstoff-Atome mehr oder weniger verschieden sind: das Gemeinsame aber ist die Eigenschaft der Undurchdringlichkeit.

Nun kann aber eine Eigenschaft nicht die Selbstursache ihres Bestehens sein. Also besteht die Eigenschaft der gegenseitigen Undurchdringlichkeit als Wirkung von Ursachen. die selbst nicht schon Undurchdringliches sind; d h. doch. die Ursache dessen. was wir Materie nennen ist noch nicht Materie, also keine Materie, mithin ist die Ursache des Bestehens der sogenannnten Materie ein Immaterielles.

Herr Professor Schlesinger zeigt uns nun in seinem Werk, wie aus einander völlig durchdringenden Atomen die undurchdringliche Materie entstehen kann, und beweist darauf in folgendem, dass mit der Annahme dieser Hypothese sämmtliche Erscheinungen. sowohl die der unorganischen. als der organischen und geistigen Natur einer einheitlichen Erklärung zugänglich sind.

Der Obige.

Wilhelm Issleib (Gustav Schuhr). Berlin S.W. 48.

.

www.ingramcontent.com/pod-product-compliance
Lightning Source LLC
Chambersburg PA
CBHW030548270326
41927CB00008B/1562